Cómo escribir un libro

Sonia Belloto

D1664253

Texto Editores
www.textoeditores.com

TÍTULO:

Cómo escribir un libro...

TÍTULO ORIGINAL:

Voce já pensou em escrever um livro?

AUTOR:

Sónia Belloto

TRADUCCIÓN:

Alicia Martínez Yuste

DISEÑO GRÁFICO:

Texto Editores Lda.

EDITA:

Texto Editores, S.L.
C/ López de Hoyos, 35, 1º
28002 Madrid

www.textoeditores.com
info@textoeditores.com
© 2006 TEXTO EDITORES
© SONIA BELLOTO

IMPRESIÓN:
Texto Editores Lda.

ISBN: 84-96500-65-9
Depósito Legal: 240076/06

Impreso en Portugal.

Para Adriano
y Alexandre

Agradecimientos

A mi madre, Lélia Belloto, por enseñarme a ser como una flecha; y a mi padre, Guilherme Belloto, por guiarme hacia el blanco acertado.

A mi amigo Reinaldo Polito, el mejor profesor de Expresión verbal del país, por la motivación y el cariño con los que apoya mi trabajo y por concederme el honor de prologar este libro.

A mi amigo Sérgio Barcellos Ximenes, por sus sugerencias de corrección y otros consejos esenciales.

Esta obra no habría sido posible sin la eficaz participación de Roberto Lopes. Sus conocimientos e investigaciones, principalmente en cuanto a la traducción de obras en inglés, permitieron que este libro incluyera lo mejor que existe sobre el arte de escribir. Gracias por tu apoyo, por hacerme sonreír y pensar en positivo, por estar a mi lado y por la paciencia de esperar a que todo pase.

A la señora Julieta, a la tía Rosa, a Samira y a Fernanda, mujeres fuertes que siempre me inspiran.

A ti, lector, por escoger este libro. Ojalá te motive para escribir y para que consigas publicar.

ÍNDICE

Prólogo

Cuando escribí el primero de mis libros no sabía escribir; por eso dediqué nueve largos años a hacer y rehacer sus páginas. Me acostumbré de tal modo a dar vueltas al texto que llegó un momento en el que, como se trataba de un libro técnico, cambiaba constantemente los ejemplos que explicaban las técnicas recomendadas por puro placer con el único fin de observar cómo se transformaba cuando recibía la influencia de diferentes autores.

Durante el tiempo en el que me dediqué a escribirlo había en São Paulo dos profesores de Comunicación que me veían, con toda seguridad, como un chiquillo que se entrometía en sus actividades dado que ambos llevaban décadas en el mercado y yo, todavía en ciernes, estaba dando mis primeros pasos como profesor de Expresión verbal. Por eso cuando estaba solo, trabajando de madrugada, escribiendo con detenimiento cada página, me imaginaba siempre que estos dos célebres y experimentados profesores se colocaban de pie junto a mí, uno a cada lado, y me observaban de forma sumamente crítica, dispuestos a reprobarme cualquier error que pudiera cometer. Era un juego con el que me entretenía yo solo pero que, por otra parte, me hacía prestar atención a cada dato que disponía en aquellas páginas.

Al terminar de escribir aquel libro, que había consumido prácticamente todos mis fines de semana y me había dejado incontables madrugadas sin dormir, salí en busca de una editorial interesada en publicarlo. Tras los primeros intentos frustrados empecé a plantearme que tal vez tendría que esperar otros nueve años para verlo en las librerías. Cuando ya empezaba a desanimarme, recibí una llamada de Nilson Lepera, actualmente director comercial de Editora Saraiva, comunicándome que, aunque ellos estuvieran especializados en libros didácticos y jurídicos, estaban dispuestos a probar con mi obra el inicio de una colección de interés general.

Nunca olvidaré el día en el que Maria Aparecida Lourenção, secretaria de Nilson, me llamó para avisarme de que el libro estaba impreso. Tenía tantas ganas de verlo que no pude esperar a que llegara por correo. Me metí en el coche y atravesé toda la ciudad con un gran atasco, algo habitual a última hora de la tarde en São Paulo, pensando únicamente en el libro. Cuando lo tuve en las manos sentí una gran emoción y durante casi media hora, aún dentro del coche, examiné sus páginas y las olí con la impresión de estar soñando.

Los días siguientes iba al centro y me quedaba frente a las librerías observando a las personas que hojeaban el libro, las que lo compraban, las que miraban sus páginas con admiración y las que se mostraban indiferentes. Cuando alguien tenía el libro en las manos, sentía ganas de cruzar la calle y decirle: «el autor de este libro soy yo».

Desde entonces hasta hoy, ya transcurridos casi veinte años, este libro, *Como Falar Corretamente e sem Inibições* [*Cómo hablar bien en público*], ha superado las cien ediciones, se ha mantenido cerca de tres años en las listas de los más vendidos, alrededor de 400.000 ejemplares, y se ha convertido en la obra más vendida dentro de su género en la historia de Brasil. A lo largo de este tiempo he publicado una docena de títulos más y me he convertido en un escritor y, aparte de libros, escribo más de veinte artículos al mes para revistas, páginas *web* y periódicos.

He relatado la historia de mi primer libro porque al leer la obra de Sonia Belloto, he sentido que su entusiasmo al proponerte que te conviertas en un escritor y encuentres de este modo una actividad que te proporcione placer, muchas alegrías y un profundo sentimiento de realización debe considerarse como un incentivo para que asumas con decisión esta tarea que considero uno de los más importantes proyectos de vida que una persona puede concebir.

¡Cuánta falta me hizo a mí un libro como este cuando me aventuré a escribir! Leyendo sus recomendaciones me doy cuenta de que mi vida como escritor habría resultado mucho más fácil si en aquella época hubiera recibido orientaciones tan sabias, pertinentes y estimulantes como las que vas a encontrar en las siguientes páginas.

Sonia Belloto practica lo que predica. Escribe con ingenio, presteza y profundidad. Resulta imposible resistirse a su texto armonioso y repleto de enseñanzas. Incluso para aquellos que no tengan la intención de convertirse en escritores, leer este libro será un placer de principio a fin. Aprenderán muchas cosas sobre los libros que ya han leído y en adelante prestarán más atención al proceso de creación de las obras que lean.

En ciertos momentos tenemos la impresión de que las palabras de la autora penetran en nuestro pensamiento, como cuando parece que conversa con nosotros pidiéndonos que reflexionemos un instante:

«¿Cuántas veces has empezado a ver las cosas de un modo diferente a raíz de leer un texto? Seguro que muchas. ¿O es que de pequeño nunca leíste una historia de terror y luego te dio miedo dormir con la luz apagada?»

De este modo, desde el principio hasta el final de la lectura tendrás la impresión de que estás conversando con la autora, como si ella estuviera a tu lado, sujetándote la mano con cariño para enseñarte a escribir. Te puedo garantizar que si sigues cuidadosamente las enseñanzas de Sonia Belloto, te sentirás respaldado y preparado para iniciar el camino de llegar a ser escritor.

Espero que después consigas escribir tu primer libro, aunque este «después» signifique nueve años, y que de vez en cuando, tal como me ha pasado a mí y me sigue pasando, puedas pararte frente a las librerías y observar orgulloso a las personas llevándose a casa aquello que tu mente ha logrado crear y realizar. Se trata de una emoción que tal vez ningún libro pueda describir. Por eso, disfruta de la lectura, ponte manos a la obra y descubre tú mismo lo que significa este placer de convertirse en escritor.

Reinaldo Polito

Introducción

¿Qué está escrito aquí?

Esta es la pregunta que más a menudo hacía una niña que todavía no sabía leer.

La curiosidad se apoderó de mí desde aquel momento. ¿Qué era lo que no paraban de escribir esas personas y por qué necesitaban tanto hacerlo? ¿Qué estaría ahí escrito? Eran preguntas infantiles, de quien quería saberlo todo pero aún no conseguía comprender gran cosa. Me imaginaba que en aquellas páginas había secretos anotados para que no se olvidaran.

Ante tanta insistencia, mi madre se anticipó al colegio y me enseñó las primeras letras. Mi padre llegó incluso a sacarme una foto a los tres años intentando leer un libro enorme, algo que a él le pareció gracioso.

Un día conseguí desvelar el secreto y ya no paré nunca más. Pasé a formar parte del mundo de los libros. Me sumergía en los relatos, participaba en todos los momentos. Vivía mundos que no eran míos como si lo fueran. Aprendí a escapar de las crueldades de lobos y madrastras, a emocionarme con príncipes y princesas. Cada libro era para mí una llamada a la aventura. Si tardaba más tiempo en empezar a leer alguno, sentía que estaba rechazando el aviso.

Cuando aceptaba el desafío, partía de viaje con los héroes. Conocía a mentores que nos preparaban para hacer frente a lo desconocido y me maravillaba con las nuevas posibilidades. Entraba con ellos en mundos especiales, exponiéndome a enemigos, aliados y pruebas. Aprendíamos juntos las reglas de aquel mundo. Entrábamos en el cuartel general del enemigo desafiando a la muerte en batallas contra fuerzas terribles. Derrotábamos dragones y conseguíamos escapar con vida. Tras la aventura volvíamos a casa transformados y dotados de una nueva comprensión del mundo.

Enseguida pasé a admirar los libros en sí mismos, las cubiertas y el tipo de letra dispuesto en papeles blancos o amarillentos y no me detuve hasta saber cómo se hacían. Descubrí los bastidores de un mundo fantástico de información y entretenimiento. En ese recorrido conocí a escritores, editores, libreros y guionistas y fui a parar a un mundo de productores. Productores de vida. Eso es, ¡de vida!

Escribir es vivir. Y también dar vida.

Después de haber experimentado tantas historias a través de los libros, regresé de ese viaje portando una nueva visión. Descubrí que existe un mundo especial donde se crean los libros.

Fue entonces cuando decidí escribir. Deseaba formar parte del mundo de los libros de una forma más concreta. Al principio escribir y publicar un libro me parecía un viaje aterrador, pero descubrí que es un arte mágico. Poniendo signos gráficos sobre el papel podemos hacer que nuestras ideas superen los límites del espacio y del tiempo y se vuelvan inmortales. Las palabras pueden herir o curar. Y el poder de curar es su lado más poderoso. Escribir es crear nuevos mundos y compartirlos, y al hacerlo pasamos a comprender mejor el universo y a nosotros mismos.

¿Has pensado alguna vez en escribir un libro?

Si tu respuesta es sí, ha llegado la hora.

Ven conmigo. A través de este libro seré tu guía en este maravilloso viaje.

Capítulo I

Ser escritor es bueno

El escritor como empresario

Imagina que has decidido tener tu propio negocio y estás pensando en abrir un restaurante. ¿Sabes qué ocurrirá si lo haces? Para empezar, tendrás que asumir una serie de responsabilidades. Deberás hacer una inversión considerable y descubrirás que el beneficio tardará unos años en llegar. Habrás de respetar el horario comercial y contratar empleados. Tendrás que lidiar con el contable, los proveedores y el alquiler. Deberás ocuparte de la compra de existencias y, muchas veces, desplazarte de acá para allá hasta encontrar los productos que necesitas. Los empleados pueden caer enfermos o faltar por cualquier motivo y habrás de hacerte cargo. Así es, porque querrás que tu negocio tenga éxito. Y ya habrás oído decir que el ojo del amo engorda al caballo.

Pero si decides ser escritor no tendrás que pasar por estos percances. ¿Quieres saber por qué? Pues responde a esta pregunta:

¿Dónde puedes escribir?

En cualquier sitio; por lo tanto, no necesitarás preocuparte de comprar o alquilar un local comercial. Tampoco tendrás que trasladarte al lugar de trabajo, ya que siempre estarás en él. Imagina uno de esos días de lluvia en los que el tráfico avanza insufriblemente lento. Como escritor podrás mirar por la ventana mientras saboreas una taza de café bien caliente y escuchas tu música preferida en casa y, con la cabeza llena de ideas, dirás: ¡Qué día tan estupendo! Perfecto para escribir un capítulo más.

¿No te parece una buena sensación? ¿Y el horario? No tendrás hora fija para entrar ni para salir, ni tampoco para interrumpir el trabajo cuando estés en el mejor momento. Nada de jefe ni de grandes inversiones.

La materia prima de los escritores son las ideas y los productos son los textos. De este modo nunca tendrás problemas con los proveedores.

Tus empleados no te exigirán salario, vacaciones ni pagas extraordinarias. No perderán ningún día de trabajo y nunca caerán enfermos. En realidad responderán a otro nombre: personajes. Poseerás un poder divino sobre ellos. De hecho, si lo deseas, podrás hacer que enfermen, que mueran o incluso que resuciten.

El escritor Arthur Conan Doyle, por ejemplo, creó a Sherlock Holmes, un personaje que se hizo muy famoso. Una vez, cansado de escribir historias sobre Sherlock Holmes, el autor tomó la decisión de acabar con el personaje y escribió un pasaje sobre una pelea en la que este moría al precipitarse por unas cataratas. ¿Te imaginas tener el poder de matar a Sherlock Holmes sin ir a la cárcel por ello?

Pero sucedió algo inesperado. Los lectores se indignaron con la muerte del detective y escribieron innumerables cartas de protesta. Sir Arthur Conan Doyle, presionado, no se lo pensó dos veces y resucitó al personaje en el siguiente libro.

Los escritores todo lo pueden. Pueden hacer que llueva, obrar milagros, promover la justicia, dar sentido a la vida, matar sin ir a la cárcel, enseñar, hacer reír y llorar, despertar las emociones más irracionales o viajar sin moverse del sitio. Poseen, sin duda, poderes divinos.

Como jefes de sus personajes, los escritores también están exentos de respetar las leyes laborales. Sabemos que el trabajo infantil está prohibido, pero la escritora J. K. Rowling ha creado un niño de tan sólo once años, le ha bautizado con el nombre de Harry Potter y le ha puesto a trabajar. A diferencia de lo que ocurriría en una empresa convencional, nadie ha protestado. De hecho, lo que mucha gente quiere es ver al niño en acción.

Otra ventaja importante de ser escritor radica en que no tienes que abandonar tu estilo de vida actual. Escribir es una actividad que puede desarrollarse al mismo tiempo que cualquier otra. Muchos escritores llevan a cabo otras actividades. Machado de Assis y Carlos Drummond eran funcionarios públicos. Michael Crichton, Moacyr Scliar y Drauzio Varella son médicos. John Grisham es abogado. No importa lo que hagas, siempre puedes sacar algo de tiempo para escribir.

Los escritores tampoco han de enfrentarse a barreras de edad. Cora Coralina[1] tenía 76 años cuando publicó su primer libro. Françoise Sagan y Mary Shelley escribieron *Buenos días, tristeza* y *Frankenstein*, respectivamente, con dieciocho años. Además, escribir es algo que nunca ha dejado de estar de moda. Los escritores son admirados desde las épocas más remotas.

¿Escribir un libro o tener un hijo?

Dicen que para realizarse plenamente una persona tiene que plantar un árbol, tener un hijo y escribir un libro.

Plantar un árbol es fácil: basta con colocar la semilla en la tierra y encargarse de que no le falte agua.

También sabes qué tienes que hacer para tener un hijo, aunque para ello se requiera escoger el momento adecuado, ¿no es así?

A diferencia de los árboles, los niños dan mucho trabajo. Trabajo y gastos. Si tienes hijos ya sabes a qué me refiero. Consultas con el pediatra, ropa que encoge mes a mes, juguetes, pañales, leche, fiestas de cumpleaños, colegio, más ropa y mucha comida. Y cuando crecen un poco llega la edad de salir y las deportivas de moda, además de las preocupaciones.

Antiguamente los hijos se casaban y se iban de la casa de los padres cuando tenían alrededor de veinte años. Actualmente suelen seguir allí más o menos hasta los cuarenta y cinco... Si les presionas, alegan que aún no se sienten seguros para abandonar el nido familiar y dicen que necesitan hacer algunos cursos más para afianzar su estabilidad profesional.

Criar hijos es, cada vez más, un trabajo de superhéroes.

¿Y escribir un libro?

La alegría es la misma que al tener un hijo. Quien ya ha tenido uno y también ha publicado un libro sabe que la sensación es idéntica. Se trata de una mezcla de plenitud y éxtasis. Para los hombres escribir un libro es lo más cercano posible a la sensación de dar a luz.

---

[1] Machado de Assis, escritor brasileño (1839-1908), autor de obras como *Memorias póstumas de Blas Cubas y Don Casmurro*. Carlos Drumond es un poeta brasileño (1902-1987), escritor de *El amor natural*. Moacyr Scliar, escritor brasileño (1937), autor *El centauro en el jardín y El ejército de un hombre solo*, entre otras. Drauzio Varella es un escritor brasileño (1943), entre cuya obra podemos citar *Estação Carandiru y Nas ruas do Brás*. Por último, Cora Coralina, autora brasileña (1889-1985) que ha escrito *Poemas dos Becos de Goiás e Estórias Mais y Meu livro de cordel*. (N. de T.)

El tiempo que se tarda en escribir un libro resulta semejante al período de gestación. Hasta las sensaciones son las mismas. El momento de la publicación, cuando el libro llega de la imprenta, constituye el nacimiento. Si todavía no lo has probado, créeme, tienes que hacerlo.

Pero, una vez que han nacido, los libros presentan dos grandes diferencias respecto a los hijos.

En primer lugar no suponen más gastos. El libro, por el contrario, cuando empieza a tener éxito hace llegar todos los años un cheque por los derechos de autor; en segundo lugar, no necesitas preocuparte por dónde está. De hecho, cuanto más lejos vaya, mejor. Si tu libro viaja por todo el mundo, te hará todavía más feliz.

Otras ventajas

Los escritores viven dos veces. Una vez en la vida cotidiana y otra en las historias que crean. Escribir es un estado alterado de consciencia, es soñar despierto. Cuando escribimos podemos crear mundos con realidades diferentes. Vivimos experiencias que jamás tendríamos en nuestras vidas diarias. Eso hace que los escritores entiendan el mundo de un modo diferente. Todo el arduo trabajo delante del papel o del ordenador es ampliamente recompensado.

Escribir constituye una actividad seductora. Cuando lo descubras no tendrás más elección, desearás escribir. Y verás tu primer libro florecer ante tus ojos. Te sorprenderá darte cuenta de lo que eres capaz de hacer. Cuando veas tu libro publicado, explotarás de felicidad.

Y, por favor, no olvides invitarme a la firma de ejemplares. Insisto en ser la primera de la fila. Y procura esmerarte con mi dedicatoria, ¿de acuerdo?

Capítulo 2

El poder mágico de las palabras

*D*e todas las creaciones de la especie humana la más sofisticada es sin duda el lenguaje. Por medio de él podemos compartir experiencias, sentimientos e información. Los demás seres vivos también utilizan códigos para comunicarse. El canto de las ballenas, el ladrido de los perros y la danza de las abejas son ejemplos de lenguaje, pero ninguno de ellos resulta tan complejo como el nuestro.

La comunicación entre los seres humanos, originariamente basada en la vocalización de los sonidos, evolucionó durante milenios, pero el gran salto del lenguaje se dio con el uso de los signos gráficos: además del habla desarrollamos la capacidad de escribir las palabras. Así nació la profesión de escritor.

Lo que está ocurriendo en este preciso momento es un verdadero milagro. Al interpretar este conjunto de pequeños signos impresos en esta hoja de papel, estás recibiendo información. ¿Te haces una idea del poder que te da esta capacidad? Si puedes leer, todos los libros quedan a tu disposición. Como dice el filósofo alemán Wittgenstein: «Los límites de mi lenguaje son los límites de mi mundo».

La posibilidad de registrar en papel palabras dirigidas a lectores capaces de interpretarlas amplía hasta el infinito nuestra capacidad de comunicación. En primer lugar porque los textos rompen los límites del tiempo. Las palabras escritas se extienden más allá de la vida de sus autores. Podemos leer textos que Platón escribió hace casi 2 500 años. Nos reímos con los relatos de Voltaire, seguimos pistas con Sherlock Holmes y sospechamos de los personajes de los libros de Agatha Christie; textos de escritores que hace mucho tiempo dejaron de estar entre nosotros.

Otra característica poderosa de la palabra escrita es su capacidad de difusión. Los textos también rompen los límites del espacio. En el pasado eran los escribas quienes llevaban a cabo el trabajo de reproducirlos. Muchos monjes también dedicaron gran parte de su vida a la tarea de copiar e ilustrar libros. La reproducción de textos constituía un proceso arduo y lento. Sin embargo, tras la invención de Gutenberg de la imprenta de tipos móviles, la palabra escrita amplió su capacidad de expansión. Con la tecnología actual cualquiera puede enviar copias de un texto a millones de personas a través de la red mundial de ordenadores.

Pero el poder principal de las palabras es su capacidad para crear imágenes en la mente de las personas. Pueden hacer reír, llorar, causar angustia y hasta curar. Escribir es un arte mágico.

Los buenos textos transportan al lector a otras dimensiones, a otras épocas, a otros mundos. A través de ellos conocemos a personajes que nos emocionan, nos enseñan y nos hacen pensar.

¿Quieres un ejemplo? Lee el siguiente texto:

La caravana llevaba en el desierto ocho días. El calor era sofocante y la arena se extendía sin fin en todas las direcciones. Los camellos rezongaban por el peso de la carga. El oasis más cercano estaba todavía a un día de viaje.

¿Te has dado cuenta de las imágenes que se han ido formando en tu mente? Estabas leyendo un texto sobre cómo escribir y de repente comenzaste a viajar en una caravana por el desierto.

El gran escritor es aquel que sabe controlar los efectos que el texto produce en el alma del lector. Puede incluso no dominar la ortografía y la gramática. Y tampoco es necesario que lo haga, pues para eso se paga a los correctores. Los buenos escritores saben que forman parte de la milenaria tradición de los narradores de historias y son conscientes de que las palabras colocadas en el orden correcto pueden cambiar el mundo.

¿Cuántas veces has empezado a ver las cosas de un modo diferente a raíz de leer un texto? Seguro que muchas. ¿O es que de pequeño nunca leíste una historia de terror y luego te dio miedo dormir con la luz apagada? Quizás hayas leído un relato en el que tienes que imaginar que estás cortando por la mitad un jugoso limón, echarle un poco de sal en una de las mitades y luego cerrar los ojos e imaginar que chupas el limón con sal. ¿No se te llenó la boca de agua? ¿Por qué? ¿Por las palabras del papel? Claro que no. Las imágenes que las palabras crearon en tu mente activaron tus glándulas salivares.

En este preciso momento, si dejas de leer unos instantes y prestas atención, notarás un ligero picor en un punto de tu cuerpo. Puede que sea muy leve, pero sientes picor. Deja de leer y compruébalo tú mismo.

¿Ves como tenía razón?

¿Cuál es el secreto?

No hay secreto, es sólo un juego con el poder de las palabras. En realidad tu cuerpo experimenta un cambio constante. Tu sangre está circulando, tus pulmones están inspirando y espirando, tu piel está en contacto con la ropa. No hay duda de que, si prestas atención, percibirás estímulos que pueden interpretarse como un leve picor. Las palabras han sido colocadas de modo que actúen como una lente de aumento focalizando tu atención. Puede parecer una broma, pero si reflexionas un poco te darás cuenta de que este texto te ha guiado y te ha envuelto.

Escribir es el arte de interaccionar con la mente de las personas a través de las palabras escritas. Y las palabras son herramientas muy poderosas.

Por lo tanto, te invito a que prosigas con la lectura de este libro y aprendas un poco más sobre el mágico arte de escribir.

¿Aceptas?

Capítulo 3

Para escribir un buen texto no existen reglas

Olvida todo lo que has aprendido sobre escribir. Para escribir un buen texto no existen reglas. Las reglas que nos enseñaron en el colegio solo nos han servido para inhibir nuestra creatividad. Si sirvieran para crear buenos textos, todos escribiríamos con destreza, ¿no es así? Pero no es eso lo que sucede. La mayoría de nosotros afronta el proceso de escritura como si se tratara de algo difícil y desagradable.

Este es un fenómeno curioso pues, si reunimos a un grupo de niños recién alfabetizados y les preguntamos quién puede escribir una historia bonita, todos levantarán la mano. Bastará con repartir papel y bolígrafos y en poco tiempo recibiremos una avalancha de textos.

El mismo experimento llevado a cabo con adultos obtiene un resultado totalmente opuesto. Casi todos se desentienden. Si se reparten papel y bolígrafos la mayoría se quedará bloqueada. Solamente con amenazas o recompensas conseguiremos algunos textos.

Este bloqueo se debe al trauma por el que pasamos cada vez que tuvimos que escribir. Cada vez que redactamos un texto en el colegio nos juzgaron. La profesora nos devolvió tachada la respuesta que dimos en el control de Historia. Nos devolvieron corregido el ejercicio de Matemáticas. Nos han condicionado a esperar que nos señalen nuestros errores cada vez que escribimos algo.

Las tareas convencionales de Redacción constituyeron el grado más alto de «desestímulo» para el proceso de escritura. El profesor determinaba el tema y el estilo que había que desarrollar. Si en una clase se trataba la descripción, nos obligaban a escribir una descripción. Daba igual que tuviéramos una historia mucho más interesante en la cabeza. Teníamos que hacer una descripción y punto final. Pero lo peor era recibir el texto en la clase siguiente con todos los errores de ortografía y gramática señalados.

El que ha vivido este sistema, además de bloquearse a la hora de escribir, se ha quedado completamente ciego para el mercado de los libros, una industria que mueve enormes cantidades de dinero al año. Pregunta en una clase de adolescentes preuniversitarios cuántos quieren ser escritores y verás que ninguno tiene eso pensado. Aun así, existen numerosos escritores que ganan mucho más que médicos, ingenieros y abogados. La distorsión es tal que en las carreras de letras no se prepara a los alumnos para ser escritores, sino para trabajar como profesores de Lengua y Literatura.

Tratar de establecer reglas para escribir es como intentar construir carreteras en el océano. Para viajar por el mar mucho mejor que intentar fijar caminos es aprender las técnicas de navegación, cómo orientarse por las estrellas, cómo evitar las tempestades o cuándo izar o arriar las velas. Con esta información cada marinero puede definir su propia ruta. Lo mismo sucede para crear buenos textos.

El primer paso para escribir un buen texto es perder el miedo a escribir, eliminar el trauma de ser juzgado y corregido. Después de todo, quien tiene miedo a entrar en un barco nunca conseguirá navegar. Hoy en día existen escuelas de escritura creativa cuyo objetivo es eliminar los bloqueos del proceso de escritura.

José Saramago, el escritor portugués ganador del premio Nobel de Literatura, dice que todos somos escritores; la diferencia es que unos escriben y otros no. ¿En cuál de los dos grupos quieres estar?

Consejos de navegación para crear buenos textos

Un buen texto es aquel que capta la atención del lector de principio a fin y, cuando lo termina, este se siente satisfecho.

Si te pidiera que escribieras una carta contando algo a tu mejor amigo, seguro que no te supondría ningún problema, ¿verdad? Sólo tendrías que empezar con:

Carlos,
Te escribo porque ayer me pasó una cosa muy graciosa. ¿Te acuerdas de Gustavo, el niño que vivía en la casa de la esquina cuando éramos pequeños? Bueno, pues después de veinte años me le encontré por casualidad. No te vas a creer dónde está trabajando...

Es fácil, ¿verdad?

Es así porque al escribir una carta a tu amigo dominas las tres condiciones básicas para producir un buen texto, que son las siguientes:

- Conocer al lector.
- Conocer el tema.
- Conocer las técnicas de escritura (sabes que en una carta puedes utilizar un estilo coloquial).

Date cuenta de que estas tres condiciones no te indican el camino que has de seguir; tan sólo señalan características necesarias para conseguir que el viaje sea seguro.

Escribir una carta es fácil porque conoces al lector y manejas el tema. Asimismo, las técnicas de escritura son coloquiales, es decir, escribes como si estuvieras hablando con tu interlocutor.

De hecho, no existe ninguna diferencia entre escribir una carta a un amigo y escribir un texto técnico o un libro. En cualquiera de los casos las tres condiciones básicas son siempre válidas.

Es como cocinar profesionalmente. Un cocinero profesional no prepara lo que a él le gusta comer, sino lo que a los clientes les gusta. Cuanto más sepa sobre sus clientes (lector), sobre los ingredientes (tema) y sobre las formas de preparación (técnicas de escritura), más originales y apetitosos resultarán sus platos. Y más se llenará su restaurante.

No lo olvides: para escribir un buen texto no existen reglas. Si tienes alguna duda, escribe como si se tratara de una carta a un amigo. Escribir es proyectar imágenes en la mente del lector.

El escritor es un guía y el lector un turista. Escoge atracciones interesantes (ideas), recorre un camino agradable (ritmo del texto) y tu cliente estará satisfecho durante todo el viaje. Estos son los cimientos de los textos eficaces.

Capítulo 4

Los cuatro tipos de textos

Como editora literaria suelo usar un sistema de cuatro categorías para clasificar los textos que recibo para analizar. Te mostraré ahora cuáles son esas categorías, pues es importante que sepas qué tipo de texto estás produciendo. Con esta información podrás ajustarlo y hacerlo más eficaz.

Texto autista

Es aquel que tiene significado únicamente para el autor. El lector no puede entender las ideas. En este tipo de texto el autor introduce situaciones o sentimientos que solo significan algo con relación a sí mismo. Es como si se encontrara en un mundo particular escribiendo sobre cosas personales.

Hay gente que cree que escribiendo sobre las cosas cotidianas que ocurren en su vida aporta material suficiente para un buen libro. ¡Cuidado! Si narras únicamente situaciones banales sin crear una identificación con el lector ni despertar su interés, estarás escribiendo un texto autista. Las dificultades emocionales que atravesaste tras tu separación, el problema financiero que afrontaste y la rebeldía de tu hija más pequeña son temas que, si no se trabajan bien, pueden dar lugar a textos autistas.

Algunas poesías y textos experimentales se construyen intencionalmente con el fin de que posean esa característica. En 1939, por ejemplo, el escritor irlandés James Joyce publicó *Finnegan's Wake*, obra a la que él mismo calificó como «el loco intento de un loco». La crítica de la época lo corroboró al no ver en el libro nada más que una experiencia lingüística, un texto autista característico.

El problema surge cuando nos damos cuenta de que estamos escribiendo un texto repleto de devaneos subjetivos que no establecen vínculos con el lector.

En caso de que, tal como James Joyce, pretendas escribir textos experimentales con características autistas, hazlo de forma consciente. Pero has de saber que, si no eres ya un escritor famoso, tendrás que afrontar la misión prácticamente imposible de convencer a una editorial para que te lo publique.

Texto nacido de la vanidad

Es aquel que el autor escribe únicamente para demostrar que sabe mucho sobre el tema. Su objetivo es impresionar al lector, no captar su atención.

Puede parecer paradójico pero muchos libros universitarios poseen esta característica. Esto sucede porque en la universidad nos hacen creer que un lenguaje pomposo es sinónimo de cultura. Cuanto más complicadas son las palabras y más rebuscados los conceptos, más inteligente parece ser el autor del texto. De ahí que muchos autores, con el deseo de mostrar la cultura que poseen, acaben por escribir involuntariamente textos de vanidad. El lector puede incluso maravillarse con el estilo del autor, pero la absorción de las ideas que el texto contiene será mucho más difícil.

Cuando escribas, intenta solucionar y no incrementar los problemas a tu lector. Escribe con el objetivo de transmitir la idea de la forma más eficaz posible. Puede que no sepas que escribir un texto sencillo y con un ritmo agradable supone un gran trabajo para el autor. De modo que, tal como ocurre en el caso de los textos autistas, si todavía no eres un escritor famoso, evita los textos de vanidad, excepto que escribas para lectores que lo único que desean sea admirar tu nivel cultural y a quienes no les importe que los textos sean innecesariamente rebuscados.

Texto bienintencionado

Este tipo de texto pretende transmitir ideas interesantes y captar la atención del lector, pero el autor desconoce las técnicas necesarias para hacerlo. Por eso muchas veces el texto pierde el ritmo o se vuelve pesado.

Muchos escritores se encuentran en este nivel. Escriben textos buenos pero siempre se requieren ciertos ajustes para hacerlos más eficaces.

Escribir un texto bienintencionado es como diseñar y construir un coche en el garaje de casa usando herramientas domésticas.

Incluso puede que crees un coche que funcione, pero nunca será como los que han sido diseñados y construidos en una cadena de montaje. El modelo doméstico generalmente peca de falta de calidad en el acabado y no es sometido a pruebas de resistencia y fiabilidad. Lo mismo ocurre con los textos bienintencionados.

Texto planificado

Es el texto eficaz. El autor conoce las características del lector al que pretende llegar, domina el tema y aplica las técnicas para hacerlo más interesante. El resultado es un texto profesional. Si se trata de un libro, es el sueño de todas las editoriales.

Determinar el perfil del lector es una condición fundamental para producir un texto planificado. Si no sabes para qué lector estás escribiendo, no sabrás qué hacer para captar su atención. Por ejemplo: escribir numerosos párrafos explicando una regla de fútbol a lectores que no están interesados en los detalles puede provocar que el texto pierda todo el ritmo. A no ser que ese sea el efecto que desees producir en los lectores, no es una buena idea.

La segunda condición es conocer el tema. Si no conoces el tema sobre el que estás escribiendo, lo dejarás entrever. Y no basta con recopilar información; es preciso seleccionar la más interesante y organizarla.

Conociendo el perfil del lector y el tema, ya estás preparado para crear textos bienintencionados, pero no textos planificados. Para entender qué es lo que falta, considera la siguiente situación. Imagina que vas a escribir una carta a tu mejor amigo para contarle algo que te ha pasado. Evidentemente no encuentras ninguna dificultad en esta tarea. Conoces el tema (al fin y al cabo lo que vas a contar te ha ocurrido a ti mismo) y sabes exactamente quién va a ser el lector, pues es tu mejor amigo. Es fácil. Basta con coger una hoja de papel y el texto fluye como por arte de magia. Con toda seguridad tu amigo lo leerá todo, de principio a fin.

La diferencia entre esta carta y el texto de un libro radica en el hecho de que tú no sabes con exactitud quiénes serán los lectores. Cuando estás escribiendo un texto para publicarlo trabajas con un lector ficticio que posee las principales características del público al que pretendes llegar. De ahí la necesidad de conocer técnicas para guiar a ese lector ficticio por el texto de la forma más eficiente posible. Esas técnicas se refieren a la forma de desarrollar el texto y tienen como objetivo optimizar el efecto de la información.

En el pasado, y todavía en algunos casos, quien se encargaba de optimizar el texto eran los editores literarios. El autor escribía, presentaba el texto y el editor sugería cambios para hacerlo más eficaz. Evidentemente el escritor siempre consideraba que el texto que entregaba era una obra terminada. Y el editor se lo devolvía con una lista de modificaciones pendientes. Generalmente se trataba de observaciones del tipo: *párrafo muy subjetivo, pierde el ritmo; en este punto quizás resulte más eficaz crear una situación con diálogos en vez de usar la narración; el personaje no es consistente en esta escena, no va a convencer al lector.* Debido a esto, cuando trabajaban juntos, los escritores odiaban a sus editores.

A pesar de las discrepancias, escritores y editores realizaban un trabajo simbiótico. Muchos de los grandes escritores del pasado trabajaban con grandes editores. La función de los editores consistía en transformar los textos bienintencionados en textos planificados.

En la actualidad la función del editor literario es diferente. Debido a la gran cantidad de material que llega a las editoriales, el editor literario se ha convertido exclusivamente en el encargado de separar lo que tiene potencial para publicarse de lo que será rechazado. Contados editores trabajan con escritores aportando sugerencias de optimización. Eso ha trasladado al propio autor la tarea de optimizar el texto. Si sabe producir un texto profesional sin la colaboración de un editor, tendrá la posibilidad de que una editorial se lo publique; en caso contrario, su material sencillamente será rechazado.

Una vez terminado el texto, aprende por lo tanto a pensar como un editor literario. Deja el texto reposar durante un tiempo y retómalo desde la perspectiva del editor. Anota todas las sugerencias para hacerlo más eficaz. Actúa como si el autor del texto fuese otra persona. Seguidamente vuelve a encarnar al escritor y realiza los ajustes necesarios. Este es el camino para producir textos profesionales.

Hay que hacer una observación final. Cuando estés escribiendo, no adoptes nunca la función del escritor y del editor literario al mismo tiempo. Si lo haces te bloquearás. A la hora de escribir, limítate a escribir y deja la edición del texto para el momento apropiado.

Capítulo 5

Los cinco personajes del proceso de escritura

El proceso de escritura puede compararse a una obra de teatro en la que tenemos que representar cinco personajes distintos. Para que esa obra tenga éxito no se pueden confundir los cinco papeles. Cada personaje tiene características particulares y debe entrar solo en escena. Todos ellos tienen funciones bien definidas y momentos concretos en los que han de actuar. Si se mezclaran los papeles, el proceso no funcionaría.

Muchas personas creen que el proceso de escritura es doloroso tan solo debido a que no saben representar correctamente los personajes.

El buscador de preciosidades

El primer personaje que actúa es el buscador de preciosidades. Un buscador no fabrica joyas; busca en la naturaleza piedras preciosas en bruto. Cuando interpretamos el papel del buscador, nuestra única función consiste en recoger material en bruto para ser usado en la producción de textos. El papel y el bolígrafo siempre a mano constituyen nuestras herramientas de trabajo. Un buen buscador no deja pasar ninguna idea valiosa.

A partir de ahora lleva siempre contigo una libreta y un bolígrafo. Cuando surja una idea interesante, deberá ser anotada inmediatamente. No confíes nunca en la memoria.

Observar el mundo con ojos de buscador exige cierta práctica, pero no tiene nada de complicado. Basta con anotar en la libreta todo aquello que te parezca materia prima para usar en los textos. Con la experiencia conseguirás recoger material cada vez más valioso. Únicamente tienes que empezar.

Por ejemplo, tengo una amiga que siempre coge las tazas con la mano izquierda. La primera vez que me di cuenta le pregunté por qué lo hacía si no era zurda. Me explicó que, teniendo en cuenta que la mayoría de las personas coge la taza con la mano derecha, ella usaba la izquierda porque si la taza no estuviera bien lavada corría menos riesgo de ponérsela en la boca por el mismo lado que los demás. Esa explicación me pareció curiosa y la anoté inmediatamente.

En otra ocasión, hablando con un compañero de trabajo, me dijo que creía que muchos adultos tienen trastornos psicológicos porque los cuentos infantiles son aterradores. La abuela de Caperucita Roja fue devorada; dos de los tres cerditos vieron sus casas destruidas; y a Cenicienta la maltrataba su madrastra. Del mismo modo, las canciones de cuna hablan de una *cuca*[2] que viene a buscarnos, de una bruja con una horrible verruga en la nariz y de otros seres de este tipo. Rápidamente saqué mi libreta y mi bolígrafo y anoté la idea.

Estas dos situaciones ilustran mi forma de trabajar cuando estoy en el papel de buscadora.

Cuando encuentres una idea interesante, divertida, emocionante o sencillamente curiosa, anótala. Más tarde tendrás tiempo de verificar con calma si puede resultarte útil.

Sin embargo, hay que ser un buscador organizado. De nada sirve anotar las buenas ideas y dejar los papeles desordenados o incluso perderlos. Para guardar las ideas recogidas debes utilizar un cuaderno y pasar periódicamente a limpio las notas. Puedes hacerlo todas las noches o una vez a la semana. Lo importante es mantener la información organizada.

Puedes obtener muchas ideas valiosas para la creación de tu libro durante las visitas a las librerías. Un buen buscador anota los temas que están teniendo éxito, registra detalles de las cubiertas, títulos llamativos, cosas interesantes que encuentra en las contracubiertas y en las solapas, toma nota de las diferentes encuadernaciones, de los tipos de papel, del tamaño de la letra... En suma, de todo lo que le puede servir como idea para construir su propio libro.

Trabaja como buscador de ideas durante unas semanas y después consulta tu cuaderno. Descubrirás en él un verdadero tesoro para producir textos y libros. No lo dudes.

---

[2] Especie de hechicera vieja y fea, equivalente al coco que viene a comerse a los niños o al hombre del saco que viene a llevárselos (*N. del E.*).

El estratega

El segundo personaje es el estratega. En esta etapa seleccionarás entre el material buscado las ideas que se desarrollarán en el texto.

El buscador recoge piedras en bruto. El estratega escoge las mejores y determina un plan para tallarlas y engarzar una joya.

No corresponde al estratega crear el texto, sino la estructura sobre la que este se desarrollará. Si el trabajo consiste en la creación de un libro, el estratega crea la sinopsis de la historia y determina cómo será la división de los capítulos y lo que cada uno contará.

Mientras no tengas un proyecto bien definido de lo que vas a escribir, mantente en el papel de estratega. Pasa solo a la fase siguiente una vez que hayas creado una estructura consistente y armoniosa.

El escritor

Tras la planificación, el siguiente personaje que hay que encarnar es el del escritor. Este empieza estudiando la estructura aportada por el estratega y se lanza al trabajo, a poner el texto sobre el papel. Considera que el trabajo del redactor consiste en tallar las piedras recogidas por el buscador de acuerdo con las especificaciones del estratega.

En la película *Descubriendo a Forrester* existe una escena muy interesante. La historia trata de la relación entre un famoso escritor que vive encerrado y un joven que quiere ser escritor. En cierto momento el escritor invita a su discípulo a escribir. Se sientan uno frente al otro, cada uno delante de una máquina de escribir:

— Vamos a escribir — dice el escritor. Y comienza a teclear arrebatadamente.

El joven continúa mirando su máquina de escribir, a la espera de inspiración.

— Escribe — le ordena el escritor.

— Estoy pensando — responde el joven.

— No, no se piensa, eso viene luego.

Esta escena sintetiza con absoluta precisión la actuación del escritor.

Cuando sea momento de escribir, escribe. Vierte las ideas sobre el papel. Al principio producirás mucho material de calidad dudosa, pero con la práctica los textos serán cada vez mejores.

Hay personas que prefieren escribir directamente en el ordenador. A otras les gustan los cuadernos, los bolígrafos o los lapiceros. No importa cómo prefieras escribir; simplemente escribe. La famosa escritora de la serie de Harry Potter, J. K. Rowling, dice que le gusta escribir en cafeterías, pues cada vez que le apetece un café no tiene más que pedirlo.

Descubre cómo te sientes más cómodo para escribir y ponte manos a la obra. Mantén en acción al escritor hasta llenar con textos toda la estructura creada por el estratega. Mientras el tema no se agote, permanece en el papel de redactor.

En los cursos de escritura creativa llevamos a cabo ejercicios de escritura libre para eliminar los bloqueos y poner a cada participante en contacto directo con su personaje escritor. Resulta muy gratificante ver la sorpresa de las personas ante su propio flujo narrativo cuando este es liberado.

El asistente editorial

El cuarto personaje en ser convocado es el asistente editorial. Su función consiste en analizar el texto producido por el escritor y llevar a cabo las mejoras que puedan hacerlo más eficaz.

El asistente editorial es metódico. Se requiere mucho cuidado al dejarle actuar. Si es excesivamente riguroso, todo el trabajo del buscador, el estratega y el escritor podría terminar en el cubo de la basura; si es muy permisivo, el texto podría resultar mediocre.

El asistente editorial revisa, reorganiza y tiene libertad para introducir alteraciones con el fin de que el texto resulte más eficaz.

Deja actuar al asistente editorial únicamente después de que el escritor se haya retirado. Sólo así él podrá realizar su trabajo como debe.

Cuando te conviertas en el asistente editorial, lee el texto con los ojos del lector. Verifica si el argumento se presenta de forma clara, si el texto tiene ritmo y si está escrito de forma cautivadora.

Una buena idea es dejar el texto reposar durante un tiempo antes de hacer el trabajo crítico. Ese período de descanso puede ser de minutos, horas o días, dependiendo del plazo de entrega. No olvides que los escritores profesionales respetan religiosamente los plazos de entrega.

El asistente editorial efectúa todas las modificaciones necesarias para hacer más eficaz el texto. Su función consiste en pulir la pieza tallada por el escritor. Cuando el asistente editorial termina su trabajo, el texto está listo, cerrado, terminado, acabado, completo, concluido, perfecto... Todos estos adjetivos sirven para que entiendas que, después del asistente editorial, los personajes anteriores no deben volver a tener acceso al texto. Si dejas que eso ocurra el buscador sugerirá nuevas ideas, el estratega intentará incorporarlas en la estructura y el escritor deseará escribirlas. De este modo, se tendrá que acudir otra vez al asistente editorial para que finalice el nuevo texto y el proceso se perpetuará en un círculo vicioso.

Por lo tanto, intenta que cada personaje actúe una sola y única vez; de lo contrario seguirás incorporando cosas y perfeccionando el texto toda la eternidad.

No lo olvides: cuando el asistente editorial termina su trabajo, el texto está listo y punto final.

Las personas que sufren cuando tienen que escribir son aquellas que no saben separar los personajes y dejan que varios de ellos actúen al mismo tiempo. Imagina lo que puede ocurrir en la cabeza de alguien que está intentando escribir un texto, que al mismo tiempo siente que debería recoger más material para ello y que tiene un crítico interior quejándose continuamente de que el trabajo no está bien porque la estructura no está bien definida. Es como para traumatizar a cualquiera.

El divulgador

El quinto y último personaje que hay que encarnar es el divulgador. Para entender su función recurriremos a una pequeña fábula:

Érase una vez una granja en la que las gallinas habían construido imperios económicos gracias a la venta de los huevos que ponían. Un día una gallina se enteró de que sus amigas, las patas, estaban atravesando graves dificultades financieras. Intrigada, llamó a una asesora y le dijo:

— No entiendo por qué las patas están pasando necesidades. Al fin y al cabo ellas ponen huevos más grandes y nutritivos que los nuestros. Vaya y descubra la causa del problema.

Dos días después la asesora trajo la respuesta:

— *Querida jefa, hemos descubierto la causa de la penuria de nuestras amigas patas. El problema es de divulgación. Cuando ellas ponen los huevos, casi no hacen ruido. Nadie se entera. Nosotras, las gallinas, montamos un verdadero escándalo. Esa es la diferencia.*

De nada sirve crear un texto encantador si nadie se entera de que existe. Hay que publicarlo. Date cuenta de que la palabra «publicar» tiene la misma raíz que la palabra «público». Publicar es, por lo tanto, avisar al público. Tenemos que hacer como las gallinas: cuanto más escándalo, mayor retribución.

Oficialmente las responsables de la publicación de los textos son las editoriales. Aun así, es muy difícil que una editorial acepte textos de un escritor principiante. Prefieren trabajar con escritores consagrados.

¿Cuál es la solución?

Encarnar al divulgador y trabajar para que el texto sea conocido por el público hasta conseguir despertar el interés de las grandes editoriales. Qué hacer y cómo hacerlo depende de qué tipo de escritor desees ser.

Si quieres escribir artículos en publicaciones periódicas, ponte en contacto con los periódicos y las revistas locales y envíales tus trabajos con regularidad. Si has escrito un libro busca una editorial que haga impresión a pedido y encarga una tirada pequeña; llama a tus parientes, amigos, vecinos, conocidos, desconocidos, en fin, a toda la gente, y realiza una presentación de tu libro. Prepara material de promoción del libro y envíalo a los medios de comunicación. Pronuncia charlas, concede entrevistas, encarna al divulgador en cuerpo y alma.

Sé perseverante y paciente. Si continúas produciendo y divulgando tu trabajo, las cosas empezarán a ocurrir y las puertas se abrirán. Este es el camino; con tener ganas y disposición para recorrerlo es suficiente. No hay duda de que merece la pena.

Como consejo final y conclusión a todo lo expuesto, aprende a diferenciar y a utilizar los cinco personajes: buscador, estratega, escritor, asistente editorial y divulgador. Trabajando con ellos descubrirás que producir textos es una actividad gratificante que proporciona placer.

Capítulo 6

Crear textos eficaces

Una característica común a los escritores de los siglos XVIII y XIX es la inclusión de grandes descripciones en sus textos, como:

Al amanecer el sol pálido iluminaba con débiles rayos de luz la ciudad. Igor caminó por la calle de sucias piedras hasta la larga escalinata que conducía al caserón. Allí se erguía una columna que parecía de plata bajo la primera luz solar. Estatuas aladas que daban la impresión de querer saltar al espacio vacío y reluciente de la pequeña plaza. Un conjunto de vasijas con delicados detalles en mármol parecía moverse con la brisa seca y luminosa. Los mosaicos del patio eran rosas y cada cuadro del jardín estaba rodeado de baldosas verdeadas. Había una fuente llena de agua chispeante y cercada de margaritas. Sobre ella reposaba la figura de una mujer que llevaba un gran jarro del cual caía el agua. El propio caserón brillaba, albo, con sus columnas...

Y la descripción podía proseguir a lo largo de páginas y más páginas.

Eran tiempos en los que las personas tenían otro ritmo de lectura. Se sentaban delante de sus chimeneas y se sumergían en los detalles. Los escritores podían darse el lujo de describir el vestido con el que la protagonista iba al baile en tres o cuatro páginas y los lectores, principalmente las lectoras, degustaban el texto entre suspiros.

Pero los tiempos han cambiado. ¡Y cuánto!

Tras la aparición del cine y la televisión cambió el ritmo de las historias. Las grandes descripciones fueron sustituidas por escenas de acción. Ante un texto descriptivo con excesivos detalles solemos bostezar y preguntarnos si faltará mucho para que el autor haga que pase algo.

Además de las películas, también los periódicos y las revistas han influido bastante en el cambio de nuestro ritmo de lectura. Las noticias tienen que ser ágiles y atrayentes. Muchos periódicos crean manuales de redacción y libros de estilo con el fin de unificar el texto de los periodistas y de fijar un patrón de ritmo.

Otro responsable de la consolidación de un estilo de texto más dinámico es el lenguaje publicitario. El texto publicitario no puede contener excesos ni redundancias y tiene que ser eficaz en el más alto grado. Muchas veces hay que transmitir todo un conjunto de ideas en tres o cuatro palabras que se exhibirán como publicidad exterior. Siendo así, los redactores trabajan hasta conseguir el mejor efecto. Dado que estamos mucho tiempo expuestos a anuncios, nuestra mente se acostumbra a la velocidad e intensidad de la información.

Todo esto no quiere decir que debas obligatoriamente escribir textos rápidos, llenos de acción y basados en el estilo periodístico o publicitario. Ya hemos dicho que establecer reglas para crear buenos textos es como intentar construir carreteras en el océano. No existen fórmulas que funcionen siempre. Puedes producir un texto al estilo antiguo, incluyendo largas descripciones, y convertirlo en un *best seller*. Sin embargo, es importante ser consciente de que actualmente la moda la integran textos con menos excesos y redundancias y con más movimiento. Apostar por otro estilo puede suponer un obstáculo y no una ayuda.

A pesar de que no existen reglas, vamos a plantear algunos recursos que pueden aplicarse para hacer el texto más interesante.

Escoge las frases cortas

Normalmente la gente tiene poco tiempo para leer y desea saber de inmediato qué información contiene el texto. Al cerebro le resulta más difícil procesar las frases muy largas. Las construcciones de este tipo pueden ser maravillosas para demostrar tu dominio de la gramática, pero vuelven pesado el texto. No olvides que el propósito principal del texto es transmitir información de una forma que le resulte clara al lector.

Al crear un texto, en caso de que tengas dudas sobre el uso de alguna palabra o expresión, lo mejor es que la descartes y utilices otra que domines. Si al escribir nos detenemos con una duda, generalmente hacemos que el texto pierda el ritmo.

Deja que el lector cree su propia imagen

A nadie le gustan los textos pomposos y recargados. Una de las cosas más interesantes de la escritura es que la mente del lector tiende a rellenar automáticamente las lagunas del texto. Por ejemplo, si escribes «Llegamos a la casa en lo alto de la montaña», cada lector creará una imagen mental de una casa en la montaña. No es necesario explayarse con una serie de datos extra para describirla en detalle. Aporta solamente los datos esenciales y deja que la mente del lector se encargue del resto. Recuerda que los adjetivos portan consigo un juicio y no siempre coincide con las expectativas del lector. Escoge los sustantivos y verbos más específicos, los que mejor indiquen la imagen que quieres transmitir. En lugar de «Llegamos a la casa en lo alto de la montaña. Era una vieja construcción de madera...», el texto queda mucho menos excesivo y redundante si escribimos «Llegamos al refugio en la montaña». Cada lector crea así la imagen del refugio que más le agrada.

Una vez más, recuerda que no existen reglas para escribir buenos textos. Si tienes la sensación de que necesitas abusar de los adjetivos y adverbios para producir un efecto determinado, no te reprimas, sigue adelante. Lo importante es cautivar al lector desde el principio hasta el final y, cuando termine la lectura, que este se sienta satisfecho. Lo demás no tiene ninguna importancia.

Ilustraciones para adultos

¿Has escuchado a algún niño quejarse de que un libro no le ha gustado porque no tenía dibujos? A los niños les encantan los libros ilustrados porque los dibujos estimulan todavía más su imaginación. No obstante, cuando crecemos nuestro interés por los dibujos parece disminuir. A veces, cuando estamos leyendo y vemos una ilustración, la imagen incluso llega a decepcionarnos. ¿Sabes por qué? Porque el dibujo generalmente es mucho menos sofisticado que las imágenes que creamos en nuestra mente. Los niños necesitan las ilustraciones debido a que están en la fase de absorción de nuevas imágenes. Los adultos ya tienen su propio conjunto de imágenes determinado. Por ejemplo, si un libro infantil contiene un dibujo de un dragón, el niño lo contemplará con los ojos bien abiertos, pues tal vez esa sea la primera vez que ve un dragón. Para un adulto la palabra «dragón» es suficiente para evocar una imagen particular de un dragón. Puede incluso imaginar un dragón de más de veinte metros de altura escupiendo fuego en cantidades suficientes para incendiar toda una ciudad. Supón ahora que pasas la página y ves un dibujo de un dragón poco más grande que un caballo y con cara de tonto. Con toda seguridad te sentirás decepcionado.

El hecho es que a los adultos también les encantan los libros ilustrados pero, al contrario que a los niños, a los adultos les gustan las ilustraciones escritas. Podemos usar las palabras para construir las ilustraciones en la mente del lector.

Pero, ¿cómo ilustrar libros con palabras?

Las formas más eficaces son las analogías, las metáforas y los ejemplos. En el texto que acabas de leer he utilizado dos de estos recursos. Cuando escribí «establecer reglas para crear buenos textos es como intentar construir carreteras en el océano», empleé una analogía. Podría haber utilizado la expresión más desgastada de «establecer reglas para crear buenos textos es como intentar arar en el mar», pero la primera me pareció más poética. En ambos casos, date cuenta de que la analogía funciona como una ilustración.

Algunos escritores utilizan metáforas en sus textos. Si se utiliza bien, el estilo metafórico resulta extremadamente poderoso. En 1998 el escritor americano Spencer Johnson escribió el libro *¿Quién se ha llevado mi queso?* La historia sobre dos ratones y dos liliputienses que viven en un laberinto es una metáfora sobre el comportamiento de las personas ante las dificultades de la vida. Resultado: millones de ejemplares vendidos en todo el mundo.

Otro ejemplo es la parábola bíblica del sembrador. Cuando en ella se dice que las semillas pueden caer en terreno pedregoso, entre zarzas o en tierra fértil, en realidad se está hablando sobre las tres formas en las que las personas pueden recibir las nuevas ideas.

No es necesario que escribas todo el texto en estilo metafórico. Puedes utilizar metáforas para ilustrar partes del texto o para reforzar las ideas presentadas.

Los ejemplos también son ilustraciones eficaces. En este texto, cuando escribí «Por ejemplo, si un libro infantil contiene el dibujo de un dragón...», «Otro ejemplo es la parábola bíblica del sembrador» o «En 1998 el escritor americano...», utilicé ejemplos para ilustrar el texto.

La analogía compara ideas, la metáfora remite a otra idea con una estructura semejante y el ejemplo confirma la idea.

Entrena el empleo de estos recursos en tus textos y a tus lectores les encantarán. Sin darse cuenta estarán leyendo textos con «ilustraciones» para adultos.

Capítulo 7

De dónde surgen las ideas para escribir

La materia prima de los grandes textos fue, es y será siempre la emoción. El amor, el dolor, la pérdida, el hastío, la ira, la culpa, la soledad, el miedo a la muerte o cualquier otro tema que nos perturbe son ingredientes excepcionales para un texto de éxito.

Las ideas para escribir pueden proceder de diversas fuentes: un sueño, una historia que nos cuenta un amigo, una conversación que oímos en un bar, una inspiración repentina, recuerdos de la infancia y todo lo que haya ido surgiendo a partir de ahí.

Existen incontables libros que enseñan técnicas para estimular la creatividad. Mucha gente recurre a ellos cuando empieza a plantearse escribir y no encuentra un tema. Consejos como: aprende a ver las cosas de un modo diferente, busca siempre más de una respuesta para un problema o asocia ideas que nunca antes hayan sido combinadas, resultan interesantes pero poco prácticos. Es evidente que debes ejercitar las técnicas que enseñan los libros sobre creatividad. Estas son fundamentales para el proceso de escritura. Con todo, el esfuerzo por crear algo original nada más empezar se vuelve frustrante para muchos escritores noveles. El resultado es una gran cantidad de personas bloqueadas mirando al techo en busca de la famosa inspiración para escribir.

Existe un modo más eficaz de conseguir ideas para producir textos buenos. Así como los músicos pueden acudir a otros músicos en busca de inspiración, los escritores pueden buscar la inspiración en los trabajos de otros escritores.

Escribir es como aprender a tocar el piano. El primer paso consiste en hacer unos ejercicios en el teclado para adquirir agilidad en los dedos. A continuación se toman las partituras de grandes compositores y se entrena su ejecución. Se comienza a crear composiciones propias únicamente después de haber superado estas dos etapas. Y al crearlas intervendrá, directa o indirectamente, la influencia de los compositores que se estudiaron.

Inspirarse en el texto de otro escritor puede parecer un tanto ilícito a primera vista, pero no lo es. Fíjate en que no estamos hablando de plagio, sino de basarse en un trabajo que ya se ha comprobado que funciona. Plagiar es presentar el texto de otra persona como si fuese propio. Hay una diferencia enorme entre las dos cosas. Desmontar y estudiar los textos que han tenido éxito antes de crear los propios es una de las herramientas más comunes entre los escritores.

Muchos escritores no revelan nunca las obras en las que se han basado para producir sus textos. Si la similitud es muy evidente, juran a pies juntillas que se trata simplemente de una coincidencia. Otros citan las fuentes e incluso bromean con ello. Sin embargo, lo admitan o no, el hecho es que hasta los grandes escritores buscan ideas en textos consagrados de otros escritores. Por lo tanto, a partir de este momento graba en tu cabeza que la mejor fuente para escribir buenos textos son otros textos buenos.

Veamos algunos ejemplos de libros que han tenido éxito y que se han basado en obras anteriores. A medida que leas irás dándote cuenta de la gigantesca red de influencias que existe entre los escritores.

Primer ejemplo: los detectives deductivos

- En 1841 Edgar Allan Poe escribió un relato policíaco llamado *Los crímenes de la calle Morgue*. La historia está narrada en primera persona y el narrador presenta a un personaje llamado Auguste Dupin, dotado de una increíble capacidad deductiva. A partir de detalles imperceptibles para la mayoría de las personas, Dupin consigue esclarecer los misteriosos asesinatos de la calle Morgue.
- En 1887 sir Arthur Conan Doyle escribió su primera historia policíaca: *Estudio en escarlata*. Narrada en primera persona por el Dr. Watson, presenta a un personaje llamado Sherlock Holmes, dotado de la misma capacidad deductiva que Auguste Dupin, el creado por Edgar Allan Poe.
- En 1920 Agatha Christie publica la primera aventura de su personaje Hércules Poirot, que goza de la misma capacidad

deductiva que los personajes anteriores para aclarar crímenes misteriosos.

- La serie de personajes de historias policíacas con características similares a las de Auguste Dupin, Sherlock Holmes y Hércules Poirot es interminable. El escritor brasileño Jô Soares en su primera novela, El «xangô»» de Baker Street, utilizó al propio Sherlock Holmes en la historia y su libro alcanzó gran éxito.

Segundo ejemplo: las travesuras de Alicia

- En 1865 Lewis Carroll publicó un relato para niños en el que un personaje, Alicia, está tumbada en el jardín cuando ve a un conejo vestido pasar apresurado consultando su reloj de bolsillo. Alicia le sigue y va a parar al país de las maravillas.
- En 1945 Monteiro Lobato publicó una historia para niños en la que Lucía, cuyo apodo es Narizinho, está tumbada en el campo cuando oye conversar a un pez y a un escarabajo. El pez la invita a conocer su reino, Narizinho lo sigue y va a parar al reino de las Aguas Claras. Este es el comienzo del libro *Reinações de Narizinho*, el primero de una serie de libros que inmortalizaron a todos los personajes del «Sítio do Pica-pau Amarelo»[3]. Para que no creas que se trata de una simple coincidencia, debes tener en cuenta que el propio Monteiro Lobato hizo una traducción del libro *Alicia en el país de las maravillas* al portugués.

Tercer ejemplo: reciclar las leyendas

- Una leyenda griega cuenta que Prometeo quiso ayudar a los seres humanos, para lo que robó el fuego, hasta entonces propiedad exclusiva de los dioses, y se lo entregó a los mortales. Zeus, el dios supremo, decidió castigarle y le condenó a permanecer encadenado a una roca toda la eternidad.
- En 1816 Mary Shelley escribió *Frankenstein*, cuyo subtítulo es *El moderno Prometeo*. La historia trata de un médico que descubre una forma de dar vida a la materia inanimada, poder

---

[3] Lugar imaginario descrito en el libro de Monteiro Lobato y llevado a la televisión brasileña como serie infantil con este nombre, que podríamos traducir como "Quinta del pájaro carpintero amarillo". (N. de la T.).

hasta entonces exclusivo de los dioses. A causa de ello es castigado y perseguido hasta los confines de la Tierra.

- La leyenda del rey Arturo y los caballeros de la Mesa Redonda es ampliamente conocida. Fue escrita por Thomas Malory en el siglo XV bajo el título *La muerte de Arturo*. Es la más famosa de las sagas medievales y muchos de sus personajes pueblan nuestra imaginación: el mago Merlín, sir Lancelot, la Dama del Lago y la reina Ginebra, entre otros.

- En 1982 la escritora americana Marion Zimmer Bradley publicó *Las nieblas de Avalón*. La historia consiste en una versión del texto de Malory contada por la hermana del rey Arturo, la hechicera Morgana. Resultado: millones de ejemplares vendidos por todo el mundo.

- *Las mil y una noches* es una compilación de cuentos orientales entrelazados por la historia de la princesa Scherezade y el sultán Schahriar. Para salvar su propia vida y la de las jóvenes del reino, Scherezade se casa con el violento soberano y pasa 1 001 noches contando historias con el objetivo de impedir que este la mande matar y continúe el ciclo de uniones y ejecuciones en el que se había empeñado. La versión más difundida de estos cuentos orientales fue traducida por el francés Antoine Galland en 1707.

- El profesor Júlio César de Mello e Souza (1895-1974) fue durante toda su vida un amante de las narraciones de *Las mil y una noches*. Le apasionaban tanto que creó un pseudónimo, Malba Tahan, y comenzó a escribir cuentos árabes basados en ellas. Escribió más de 50 libros. *El hombre que calculaba*, su trabajo más famoso, se tradujo a varias lenguas y ya ha vendido más de 2 000 000 de ejemplares. Un hecho curioso es que el profesor Júlio César solo salió de Brasil para visitar Lisboa, Montevideo y Buenos Aires. Nunca estuvo en Oriente Medio ni vio un desierto en vivo.

Cuarto ejemplo: los duros detectives privados

- En 1929 Dashiell Hammett dio lugar a un nuevo estilo de historias policíacas con su libro *El halcón maltés*. Creó el personaje de un sarcástico detective privado llamado Sam Spade y situó la historia en las calles de una ciudad turbulenta donde los intereses del crimen y la ley se contraponen y confunden.

La versión cinematográfica llevó en castellano el mismo título que el libro, con Humphrey Bogart en el papel principal.

- En 1939 Raymond Chandler publica *El sueño eterno*, en el que aparece el personaje de un sarcástico detective privado llamado Philip Marlowe, con las mismas características que el personaje de Dashiell Hammett. A raíz del éxito de *El sueño eterno*, Chandler escribió bastantes libros más utilizando el personaje del detective Marlowe.

- Una legión de escritores adoptó el nuevo estilo y como consecuencia existen colecciones de novelas policíacas publicadas por diversas editoriales. Un escritor destacado que sigue esta línea es Dennis Lehane, y el personaje de sus libros es el detective privado Patrick Kenzie, que hizo su debut en el libro *Una copa antes de la guerra*, publicado en 1994.

- Basándose en el estereotipo de estos detectives privados, el escritor brasileño Luís Fernando Veríssimo creó a Ed Mort, un personaje cómico que ya ha protagonizado diversas historias. Además publicó en 1998 *O Jardim do Diabo*, siguiendo la tradición de las novelas policíacas contemporáneas y en 2000 publicó *Borges e os Orangotangos Eternos*, en la misma línea de crímenes misteriosos.

Quinto ejemplo: otra vez los cuentos árabes

- En 1980 el escritor argentino Jorge Luis Borges incluyó en su libro de conferencias *Siete Noches* una con el título «Las mil y una noches». A continuación sigue un fragmento:

«El tema de los sueños es uno de los preferidos de Las mil y una noches. *Admirable es 'la historia de los dos que soñaron'. Un habitante de El Cairo sueña que una voz le ordena en sueños que vaya a la ciudad de Isfaján, en Persia, donde le aguarda un tesoro. Afronta el largo y peligroso viaje y en Isfaján, agotado, se tiende en el patio de una mezquita a descansar. Sin saberlo, está entre ladrones. Arrestan a todos y el cadí le pregunta por qué ha llegado hasta la ciudad. El egipcio se lo cuenta. El cadí se ríe hasta mostrar las muelas y le dice: 'Hombre desatinado y crédulo, tres veces he soñado con una casa en El Cairo en cuyo fondo hay un jardín y en el jardín un reloj de sol y luego una fuente y una higuera y bajo la*

fuente está un tesoro. Jamás he dado el menor crédito a esa mentira. Que no te vuelva a ver por Isfaján. Toma esta moneda y vete'. El otro se vuelve a El Cairo: ha reconocido en el sueño del cadí su propia casa. Cava bajo la fuente y encuentra el tesoro.

- En 1988, Paulo Coelho escribió *El Alquimista*. Es la historia de un pastor español que acostumbra a dormir con sus ovejas en las ruinas de una vieja iglesia abandonada en cuya sacristía crece un sicomoro. En la parte final del libro encontramos el siguiente diálogo:

«— ¡Estoy buscando un tesoro! — gritó finalmente el muchacho. E incluso con la boca herida e hinchada a puñetazos, contó a los salteadores que había soñado dos veces con un tesoro escondido junto a las Pirámides de Egipto (...).

— ¡Vámonos! — dijo el jefe a los demás. Después se dirigió al muchacho —: No vas a morir — aseguró —. Vas a vivir y a aprender que el hombre no puede ser tan estúpido. Aquí mismo, en este lugar donde estás tú ahora, yo también tuve un sueño repetido hace casi dos años. Soñé que debía ir hasta los campos de España y buscar una iglesia en ruinas donde los pastores acostumbraban a dormir con sus ovejas y que tenía un sicomoro dentro de la sacristía. Según el sueño, si cavaba en las raíces de ese sicomoro, encontraría un tesoro escondido. Pero no soy tan estúpido como para cruzar un desierto solo porque tuve un sueño repetido.

Después se fue.

El muchacho se levantó con dificultad y contempló una vez más las Pirámides. Las Pirámides le sonreían, y él les devolvió la sonrisa, con el corazón repleto de felicidad.

Había encontrado el tesoro.»

Él vuelve a España, cava bajo el sicomoro y encuentra el tesoro, exactamente igual que en la conferencia de Borges antes mencionada. Es importante destacar que Paulo Coelho citó sus fuentes de inspiración en el prefacio del libro:

«Por eso El Alquimista *es también un texto simbólico. En el decurso de sus páginas, además de transmitir todo lo que aprendí al respecto, procuro rendir homenaje a grandes escritores que consiguieron alcanzar el Lenguaje Universal:*

Hemingway, Blake, Borges (que también utilizó la historia persa para uno de sus cuentos) y Malba Tahan, entre otros».

Existen innumerables ejemplos de cómo los escritores se inspiran en textos de otros escritores y ambos tienen éxito. Para terminar y convencerte de una vez por todas, vamos a detenernos en la novela *El nombre de la rosa* del escritor italiano Umberto Eco.

Sexto ejemplo: investigación de «El nombre de la rosa»

- Según el propio Umberto Eco, en las *Apostillas a El nombre de la rosa*, el título de su novela está inspirado en un poema de Bernardo Morliacense, un benedictino del siglo XII. Umberto Eco habla de una asociación que la gente establece entre el título y la pieza *Romeo y Julieta* de Shakespeare, en la que los amantes conversan exactamente sobre «el nombre de la rosa». Julieta dice que no importa qué nombre se le dé a la rosa, esta desprende el mismo perfume, y concluye que el nombre no tiene la menor importancia. Eco expone que el sentido de las palabras de Julieta es exactamente el opuesto al del poema benedictino. En este se afirma que la esencia real de una rosa es su poderoso, fascinante y mágico nombre. Divergencias aparte, Eco probablemente bautizó su libro como *El nombre de la rosa* a modo de juego de reflexión personal, en el que el lector debe decidir si el título, así como el nombre, tienen importancia o no.
- El personaje principal, Guillermo de Baskerville, es un estereotipo de los detectives deductivos como Auguste Dupin y Sherlock Holmes. El propio apellido Baskerville supone una clara alusión a la novela *El perro de los Baskerville*, una de las aventuras de Sherlock Holmes. *El nombre de la rosa* está narrado en primera persona. Quien narra la historia es el monje Adso de Melk. El nombre Adso guarda una semejanza fonética con Watson, el compañero de Sherlock. Otro juego de Umberto Eco.
- Para crear la escena de la llegada a la abadía, Umberto Eco se inspiró en un cuento escrito por Voltaire. Vamos a examinar la fuente y el resultado.

El fragmento que sigue forma parte del cuento «Zadig o el destino», escrito por Voltaire y publicado en 1747.

«*Precisamente al mismo tiempo, por un capricho de la fortuna, ocurrió que el más hermoso caballo de las caballerizas del rey se había escapado de las manos de un palafrenero en la llanura de Babilonia (...). El caballerizo mayor se dirigió a Zadig preguntándole si había visto pasar el caballo del rey.*

— *Es* — *respondió Zadig* — *el caballo que tiene el mejor galope, de cinco pies de altura, la pezuña muy pequeña, la cola de tres pies y medio de largo; el bocado de su freno es de oro de 23 quilates y las herraduras son de plata de once dineros.*

— *¿Qué camino ha tomado? ¿Dónde está?* — *preguntó el caballerizo mayor.*

— *No lo he visto* — *repuso Zadig* — *ni he oído hablar nunca de él.*

Cuando Zadig tiene que revelar por qué sabe tanto sobre un caballo que no ha visto nunca, se explica de la forma siguiente:

— *En cuanto al caballo del rey de reyes, sabréis que paseándome por las veredas de dicho bosque noté las señales de las herraduras de un caballo, que estaban todas a igual distancia. Ese caballo, me dije, tiene el galope perfecto. El polvo de los árboles, en una vereda estrecha que no tendrá más de siete pies de ancho, estaba un poco barrido a derecha e izquierda a tres pies y medio del centro de la vereda. Ese caballo, dije, tiene una cola de tres pies y medio, que ha barrido el polvo con sus movimientos a derecha e izquierda. Debajo de los árboles, que formaban una enramada de cinco pies de altura, vi hojas que estaban recién caídas de las ramas: comprendí que las había rozado el caballo, por lo que debía tener cinco pies de altura. En cuanto a su freno, debe de ser de 23 quilates, ya que restregó las copas contra una piedra que vi que era de toque, yo mismo hice la prueba. Finalmente, por las marcas que dejaron sobre piedras de otra especie, juzgué que sus herraduras eran de plata de once dineros.*

Veamos ahora el texto escrito por Umberto Eco:

— *Os lo agradezco, señor cillerero* — *respondió cordialmente mi maestro* —, *y aprecio aún más vuestra cortesía porque para saludarme habéis interrumpido la persecución. Pero no temáis, el caballo ha pasado por aquí y ha tomado el sendero de la derecha. No podrá ir muy lejos porque al llegar al estercolero tendrá que detenerse. Es demasiado inteligente para arrojarse por la pendiente...*

— ¿Cuándo lo habéis visto? — preguntó el cillerero.

— ¿Verlo? No lo hemos visto, ¿verdad, Adso? — dijo Guillermo volviéndose hacia mí con expresión divertida —. Pero si buscáis a Brunello, el animal sólo puede estar donde yo os he dicho.

Al explicar por qué sabía tanto sobre un caballo que no había visto nunca, Guillermo se expresa de la siguiente forma:

— (...) Me da casi vergüenza tener que repetirte lo que deberías saber. En la encrucijada, sobre la nieve aún fresca, estaban marcadas con mucha claridad las improntas de los cascos de un caballo, que apuntaban hacia el sendero situado a nuestra izquierda. Esos signos, separados por distancias bastante grandes y regulares, decían que los cascos eran pequeños y redondos y el galope muy regular. De ahí deduje que se trataba de un caballo y que su carrera no era desordenada como la de un animal desbocado. Allí donde los pinos formaban una especie de cobertizo natural, algunas ramas acababan de ser rotas, justo a cinco pies del suelo. Una de las matas de zarzamora, situada donde el animal debe de haber girado meneando altivamente la hermosa cola para tomar el sendero de su derecha, aún conservaba entre las espinas algunas crines largas y muy negras (...). Si el caballo cuyo paso he adivinado no hubiese sido realmente el mejor de la cuadra, no podrías explicar por qué no sólo han corrido los mozos tras él, sino también el propio cillerero (...).

— Bueno — dije —, pero, ¿por qué Brunello?

— ¡Que el Espíritu Santo ponga un poco más de sal en tu cabezota, hijo mío! — exclamó el maestro —. ¿Qué otro nombre le habrías puesto si hasta el gran Buridán, que está a punto de ser rector en París, no encontró nombre más natural para referirse a un caballo hermoso?

¿Has reconocido la «semejanza» entre los dos textos?

También puede apreciarse que el personaje Zadig, de Voltaire, puede haber servido de inspiración al propio Edgar Allan Poe para crear a Auguste Dupin, el primero de una serie de detectives con gran capacidad deductiva.

Otras características interesantes de *El nombre de la rosa* son las siguientes:

- La biblioteca en forma de laberinto se inspiró en la leyenda griega del laberinto construido por Dédalo para el rey Minos de Creta.
- El personaje del bibliotecario ciego, cuyo nombre es Jorge, constituye un juego a propósito del escritor argentino Jorge Luis Borges, que quedó ciego en los últimos años de su vida y siempre fue un amante de los libros. Fue este mismo escritor quien citó la leyenda árabe que inspiró a Paulo Coelho.
- El veneno colocado en las páginas del libro procedía de un cuento de *Las mil y una noches* titulado *El médico de Duba*. En esta historia, el médico, injustamente condenado a ser decapitado, regala al rey un libro supuestamente mágico. Para pasar las páginas con mayor facilidad, el rey se lleva el dedo a la boca y lo humedece con saliva. El veneno que impregna cada una de las páginas entra en su organismo y le mata tras terribles convulsiones. Una vez más un cuento oriental sirve de base para una nueva historia.
- El incendio en la biblioteca en el que son destruidos una obra inédita de Aristóteles y otros miles de libros se basa en los relatos del incendio de la gran Biblioteca de Alejandría, que ocurrió en el año 391, en el que miles de obras de la Antigüedad se perdieron irremediablemente.

Podríamos escribir páginas y páginas presentando textos de éxito inspirados en obras de otros escritores, pero no es eso lo que interesa. Probablemente ya estés convencido de que inspirarse en textos consagrados para crear los tuyos propios no es un crimen. Al fin y al cabo, si lo hacen los grandes, ¿por qué excluirnos nosotros?

Capítulo 8

Personajes y diálogos

Como hemos visto en los capítulos anteriores, existen algunos factores importantes a la hora de crear un texto cautivador. En la creación de historias la habilidad del autor para construir buenos diálogos entre los personajes resulta vital.

Una de las formas más eficientes de caracterizar a los personajes es a través de los diálogos. Por otro lado, con ellos se pueden mostrar las emociones y reacciones que ocurren en la acción. Pero es preciso planificarlos y saber utilizarlos. A veces un texto repleto de diálogos puede volver la historia muy superficial, como si todo consistiera en una prolongada conversación entre los personajes.

En este capítulo vamos a analizar algunos puntos importantes de la creación de diálogos.

Adecuación

El arte del escritor consiste en crear una escena convincente en la mente del lector a través del lenguaje de los personajes. Para ello es necesario que los diálogos se aproximen lo más posible a la realidad. En algunos casos es preciso incluir deliberadamente errores o vicios, pues de este modo estaremos reproduciendo lo que efectivamente sucede en el mundo real.

Al construir las escenas, fíjate en que el diálogo debe adecuarse al recorrido de la acción. Debe respetar las características del momento, del tema y de los personajes. De este modo, en un pasaje en el que dos jóvenes adolescentes conversan animadamente no tendría cabida un diálogo formal con palabras sofisticadas. Tampoco tendría cabida en este mismo pasaje el planteamiento de un tema que no forme parte del universo de estos jóvenes.

Observar día a día cómo conversan las personas y cuáles son los niveles de diálogo constituye un buen entrenamiento. Si prestas atención a lo que las personas dicen, te darás cuenta de que algunas son sutiles y juegan con las palabras mientras que otras van directas al tema en cuestión.

Definir minuciosamente las características físicas, psicológicas y socioculturales de tus personajes es la base para la creación de buenos diálogos.

Una forma de poner a prueba su eficacia consiste en leerlos en voz alta. Al hablar notamos si el diálogo suena real o no.

Exposición clara

El diálogo es la reproducción escrita de una conversación y, para que el lector la comprenda, esta tiene que ser clara. No obstante, si uno de los personajes es problemático y sus ideas son confusas, deberás construir el acto de habla de acuerdo con su personalidad. Si se da el caso contrario, evita las formas rebuscadas, distorsionadas o complejas.

En las películas las reacciones de los personajes quedan explícitas en el momento de la acción. En la historia escrita los detalles tiene que aportarlos el autor. Debemos utilizar las palabras para describir los sentimientos y las emociones que se desarrollan en los personajes. Por lo tanto, es fundamental determinar una estructura sobre la que luego construir los diálogos.

Marcación del diálogo

El texto necesita tener referencias claras que indiquen al lector que se está llevando a cabo un diálogo y quién es el personaje que habla. Algunos escritores prefieren marcarlo con comillas, como muestra el siguiente ejemplo:

Antes de que volviera me disculpé.
«Aquí hace mucho calor, voy a salir al jardín».
Juana parecía no poder creer que finalmente lo iba a enfrentar y dijo:
«¿Está seguro de que no prefiere marcharse?».

El guión es la forma más utilizada por muchos escritores y, en mi opinión, la de mejor legibilidad. La marcación del diálogo con el uso de guiones queda así:

Antes de que volviera me disculpé.
— Aquí hace mucho calor, voy a salir al jardín.
Juana parecía no poder creer que finalmente lo iba a enfrentar y dijo:
— ¿Está seguro de que no prefiere marcharse?

Otro recurso utilizado en la composición de los diálogos son los llamados *verba dicendi*. Además de ayudar en la marcación del personaje que interviene, pueden servir para hacer explícito el tipo de entonación del acto de habla. Veamos algunos ejemplos extraídos de *O Livro da Bruxa*, de Roberto Lopes:

— ¿De dónde se ha sacado usted la idea de que las mujeres son superiores? — pregunté.
Ella se remangó las mangas fingiendo prepararse para el combate.
— ¿Nunca ha leído la Biblia? Está escrito en el Génesis — respondió.
— ¿En el Génesis?
— Claro. Dios primero hizo al hombre y después a la mujer...
— ¿Y eso qué tiene que ver? — pregunté.
— Primero hizo el borrador. Después lo pasó a limpio — dijo, riéndose.
Estaba desarmado. Era imposible defender una idea en la que en realidad no creía.

En este texto los verbos «pregunté», «respondió» y «dijo» intervienen indicando el acto de habla, definiendo cuál es el personaje que pregunta y cuál el que responde. Existen por supuesto infinidad de verbos que pueden usarse como recursos de expresividad. Algunos de ellos son:

dijo	discrepó	confesó
replicó	justificó	recomendó
gritó	reflexionó	invitó
murmuró	explotó	sugirió

Para usar estos verbos tenemos que considerar el pasaje como un todo y hemos de emplearlos con moderación en los fragmentos de diálogo rápido; de lo contrario el texto podría resultar pesado. Procura no escribir diálogos muy largos para que no se conviertan en monólogos. Para evitar que la estructura resulte muy extensa, coloca estas indicaciones de diálogo entre las palabras del acto de habla. El objetivo es no cansar al lector mediante una pausa estratégica. A continuación sigue un ejemplo de un diálogo con la indicación en el medio y al final del acto de habla.

— *Voy a contarte un secreto. Tengo esto para enseñarlo en la puerta — susurré señalando mi identificación —. Así pensarán que soy médico y me dejarán entrar, incluso fuera del horario de visitas — bromeé.*

Como te habrás dado cuenta, el acto de habla del personaje es interrumpido únicamente para indicar la forma en la que está hablando («susurré señalando mi identificación»), para regresar a continuación y finalizar con la expresión «bromeé».

Cuando tu personaje necesite extenderse en una intervención, lo mejor es que inicies otra. En este caso puedes recurrir a un cambio de acción para introducir un corte en el acto de habla. Observa el siguiente ejemplo:

Ella comenzó a untar mantequilla en otro trozo de pan.
— Por eso es importante que construyamos y derribemos continuamente nuestros castillos. Necesitamos abandonar nuestras convicciones para poder crecer. El problema es que los cambios nos asustan. Salir de la rutina nos deja al descubierto y vulnerables — comentó.
De repente dejó lo que estaba haciendo y miró dentro del restaurante.
— Mire, allí está una amiga que se enfrenta constantemente a este problema — dijo.
Me di la vuelta rápidamente pero no vi a nadie. Supuse que la persona había pasado antes de girarme.

Para evitar los párrafos extensos, que podrían cansar al lector, podemos utilizar el recurso de la separación efectuando cortes, lo que hará más activo el acto de habla. En este fragmento el corte se efectuó con «De repente dejó lo que estaba haciendo y miró dentro del restaurante», dando lugar a una alteración de ritmo que acompaña al cambio de acción de la escena.

focalización

En el desarrollo de una historia podemos establecer la focalización desde la primera o desde la tercera persona. Cuando el propio personaje es quien cuenta la historia, esta está narrada en primera persona. Cuando quien narra la historia es alguien que no forma parte de la acción, está narrada en tercera persona. La gran diferencia entre ambas consiste en que en tercera persona el narrador puede revelar al lector los pensamientos de cualquiera de los personajes. Además de eso, puede anticipar acciones que acontecerán en la historia en el futuro; en cambio, la narración en primera persona dificulta estas posibilidades. El siguiente ejemplo está narrado en tercera persona, da información sobre los pensamientos de los personajes y anticipa hechos de la historia:

Cuando Álvaro llegó estaban en el vestíbulo de entrada al edificio en el que se encontraba el sospechoso. Lucio temió la reacción de su padre al ver al detective. Álvaro se dirigió al anciano y le preguntó.

— ¿Todavía está en la suite? *— faltaba brillo en sus ojos y su preocupación era visible.*

El hombre, que aparentaba una vejez sufrida, casi no podía hablar. La respiración jadeante delataba su ansiedad. Lucio pensó en desviar la atención de Álvaro pero el hombre respondió, tratando de disfrazar su sufrimiento.

— Sí, todavía está allí. Pero, si me lo permite, me gustaría hablar con mi hijo para intentar por última vez que se entregue.

El cansancio era evidente y él no tenía la menor idea de lo que significaba pedir estar con un hijo. Lo inevitable se aproximaba a cada segundo. Nada más tendría importancia para aquel hombre a partir del momento en el que entrara en el ascensor del Hotel Palace y subiera al decimotercer piso.

En este diálogo podemos imaginar cómo se siente cada personaje ante la situación. El narrador dirige la escena describiendo los sentimientos de los personajes e informándonos sobre lo que hacen o piensan. Cuando el narrador dice «Lucio pensó en desviar la atención de Álvaro...», muestra cuál era la intención del personaje transmitiendo la idea de que algo no va bien. O anticipa hechos: «Lo inevitable se aproximaba a cada segundo. Nada más tendría importancia...». De esta forma podemos captar la atención del lector creando una expectativa y despertando su curiosidad. El objetivo es hacer que no quiera parar de leer hasta descubrir cuál es la acción.

Esta misma escena podría haber sido narrada en primera persona, y así uno de los personajes relataría lo que pasó según su punto de vista.

Vamos a ver otro ejemplo de narración, ahora en primera persona:

Nuestro primer encuentro ocurrió a última hora de una tarde, en primavera. Estaba terminando mi turno y visitaba a los pacientes ingresados en la tercera planta. Consulté la última historia. Era una señora de 86 años con diagnóstico de neumonía.

Estaba sola en la habitación y cuando entré me recibió con una gran sonrisa.

— Buenas tardes, doctor — dijo, incorporándose en la cama.

— ¡Buenas tardes! Entonces usted es la famosa paciente con neumonía — bromeé.

— Todavía no tan famosa, pero eso no es lo que importa — respondió, de buen humor.

— ¿Cómo se encuentra hoy?

— Cada vez estoy mejor. No he vuelto a tener tos y después de la lluvia el aire se ha quedado bastante agradable.

El personaje relata el acontecimiento desde su punto de vista, por lo que esta narración está hecha en primera persona.

En los relatos en primera persona no es obligatorio que sea el personaje principal quien narre la historia. Si quieres puede narrarla un personaje que solo aparezca al final.

Consejos para crear diálogos

Una técnica sencilla para dar realismo a las escenas, pero que muchas veces se olvida, es hacer que los personajes hagan comentarios pertinentes sobre el ambiente en el que se desarrolla la escena. Si está lloviendo, haz que un personaje hable sobre la lluvia. Eso es lo que hacemos en el día a día, ¿no es así? ¿Quieres un ejemplo? Cuando el invierno se prolonga más tiempo del previsto empezamos inmediatamente a comentar el asunto incluso con extraños:

— Dios mío, a este paso me voy a congelar. Necesito un chocolate bien caliente.

Esto hace que el pasaje gane credibilidad y tenga consistencia. El lector siente que participa en la escena, pues hasta tiene la sensación de tener frío junto con los personajes.

Un diálogo bien escrito construye al personaje, transmite la idea y crea el clima de la escena. ¿Quieres verlo?

La calle era estrecha y los coches, aparcados a ambos lados, me impedían adelantarlo.
— Ese imbécil va muy despacio. ¿No se da cuenta? — gruñí.
— ¿Cree que eso es malo? — preguntó ella.
— Pues claro que es malo... El muy idiota está entorpeciendo todo el tráfico — refunfuñé, irritado.
Ya se había formado una fila de varios coches detrás de nosotros. En breve alguien empezaría a pitar.

En esta escena se puede apreciar el clima del momento. El escritor, mediante los diálogos, hace que el lector construya una imagen a partir del texto.

Recuerda que no es necesario dar al lector todos los detalles. Proporciona únicamente los elementos esenciales y deja que la mente del lector cree la escena de acuerdo con sus propias referencias. A continuación sigue un ejemplo que refleja esto:

Nuestro viaje prosiguió, tranquilo. Descendíamos por la sierra y el paisaje era deslumbrante. Se podían divisar las ciudades costeras y el inmenso océano. Hacía un día maravilloso.

Con sólo unas frases, el texto consigue que creemos una imagen característica. Sin embargo, cada lector tiene libertad para completar la escena con sus propios detalles. No dar muchas referencias le ofrece la posibilidad de dejar volar su imaginación.

Conflictos

Otro punto que hay que tener en cuenta es no crear diálogos en los que los personajes siempre estén de acuerdo. Para que la escena resulte interesante es preciso que se cree un conflicto. En una conversación en la que dos o más personas siempre están de acuerdo entre sí no hay dinámica y se vuelve monótona. Observa el siguiente ejemplo:

Cogimos el coche y seguimos por la avenida en dirección al puerto.

— Este viaje me está pareciendo maravilloso, y todo lo que estoy aprendiendo contigo — comenté.

— Pero... tu frase va a seguir con un «pero», ¿verdad?

Me hizo gracia su perspicacia.

— Pero — continué —, debo confesar que me parece muy difícil poner en práctica estos conocimientos.

— Todo está siempre delante de los ojos. No hay forma de no verlo, a no ser que no lo busques — comentó.

— Decirlo es fácil.

— ¿Cuántos tornillos recuerdas haber visto hoy? — preguntó de repente.

— ¿Cuántos qué?

— Has oído bien. ¿Cuántos tornillos recuerdas haber visto hoy?

— Para ser sincero, ninguno — respondí.

— No has visto ninguno porque no los estabas buscando. Si los buscas, encontrarás tornillos en todos los sitios.

Imagina que tras el primer comentario del personaje sobre el hecho de que el viaje le está pareciendo maravilloso, así como todo lo que está aprendiendo, el segundo hubiera respondido:

— Qué bien. A mí también.

¿Qué tipo de conversación tendrían que pudiera interesarnos? Sin embargo el escritor introdujo un «pero» creando un desacuerdo. De este modo despertó en nosotros curiosidad por saber qué se diría después del «pero» y prosiguió con un conflicto sutil.

Orientaciones finales

Diseña los personajes sabiéndolo todo sobre ellos. Puedes hacer una lista de sus cualidades físicas y psicológicas y de sus características sociales y culturales. Tienes que conocerlos en profundidad para que al lector le parezcan reales.

Por último, enamórate de tus personajes, aunque para algunos tengas que crear conflictos terribles. Aprende a usarlos sin que se desvíen del objetivo de la historia. Haz que los lectores se enamoren de ellos.

Capítulo 9

Las historias
y el viaje del héroe

Cuando empezamos a sentir placer escribiendo, las historias fluyen por el papel de una forma mágica. Nos sentimos como si estuviéramos hechizados. Nos sumergimos en la historia y perdemos la noción de la realidad. El tiempo vuela y, en un instante, pasan tres o cuatro horas. Los personajes cobran vida y la historia parece desarrollarse por su propia cuenta. A pesar de ser nosotros quienes escribimos el cuento, nos sentimos como si este estuviera creándose en un lugar misterioso dentro de nosotros mismos. En ese momento estamos en contacto directo con nuestro escritor interior.

Esta experiencia sucede a menudo en los ejercicios de liberación del flujo narrativo en las escuelas de escritura creativa. Esta es importante para el desarrollo de la habilidad de escribir, pero no es así como trabajan los escritores profesionales.

Hemos visto que existen cinco etapas para la producción de un texto eficaz y que cada una puede estar representada por un personaje: buscador, estratega, escritor, crítico y divulgador. Cuando nos lanzamos a escribir textos que parecen fluir de nuestros bolígrafos por arte de magia, el que controla la situación es el escritor. No obstante, las historias que se crean mediante este procedimiento libre no han sido planificadas. Es como si estuviéramos cabalgando sobre un caballo rápido, pero sin saber si corre en la dirección correcta.

Del mismo modo que un ingeniero debe hacer un proyecto antes de empezar a construir un edificio, el estratega tiene que planificar la historia antes de dejar que el escritor comience a escribirla. Sin una planificación adecuada, una historia difícilmente consigue captar la atención del lector de principio a fin.

¿Cuál es el secreto para planificar una historia de éxito?

Se han formulado muchas teorías que intentan explicar el secreto de las historias de éxito, pero casi ninguna permite una aplicación práctica. Diciendo que una buena historia es aquella que proporciona la sensación de una experiencia completa y satisfactoria y que, al terminarla, sentimos que hemos aprendido algo nuevo sobre la vida o sobre nosotros mismos, damos una definición excelente, pero esta no sirve de gran ayuda cuando tenemos que crear nuevas historias.

Durante mucho tiempo los escritores intentaron averiguar qué es lo que diferencia una historia mediocre de una obra maestra. La conclusión es que no existen historias poco interesantes; lo que existen son formas poco interesantes de contar una historia. Si le pides a un buen escritor que escriba sobre una viejecita que se pasa todo el día sentada en su mecedora haciendo punto, es posible que cree algo maravilloso. Por otra parte, si encargas una historia llena de aventura y romance a un mal escritor, el resultado será un relato mediocre.

El secreto está en cómo se cuenta la historia.

Muy bien, entonces podremos emplear técnicas para contar las historias de un modo atractivo para despertar la curiosidad del lector, emocionarle, narrar algo gracioso, etc. Intuitivamente nuestro escritor interior sabe qué es lo que hay que hacer para captar la atención del lector, pero eso solo no resuelve el problema. Todavía nos falta la estructura de la historia.

Uno de los trabajos más influyentes en cuanto a la estructura de las historias es un libro titulado *El héroe de las mil caras*, de Joseph Campbell, publicado por primera vez en 1949, que arrojó una nueva y poderosa luz sobre la anatomía de las historias.

Joseph Campbell fue un estudioso de mitos, leyendas y fábulas. En su trabajo recopiló miles de historias de las más variadas culturas. Analizó desde mitos y leyendas de los pueblos primitivos hasta guiones de cine. La pregunta a la que Campbell deseaba dar respuesta era: ¿qué hace que una historia se difunda y se inmortalice en la cultura de un pueblo?

Campbell investigó incluso las teorías psicoanalíticas de Jung con el fin de entender los mecanismos por los que una historia se queda grabada en nuestra mente.

Lo que Campbell descubrió es que todas las historias poseen una estructura común. Empleando una analogía, las historias son como los seres humanos: a pesar de que no existen dos personas exactamente iguales, incluso los gemelos idénticos tienen personalidades distintas, la anatomía es la misma en todos. Del mismo modo que los seres humanos poseen dos pulmones, un corazón, dos riñones, un sistema digestivo, etc., las historias poseen una estructura básica común.

El primer factor común en todas las historias es la presencia de un héroe. Ten en cuenta que el término «héroe» que Campbell utiliza se refiere al personaje central. Este héroe no tiene por qué ser alguien dotado con poderes especiales; puede ser una persona completamente normal.

El héroe tampoco tiene por qué ser un ser humano. Puede ser un animal o incluso una entidad imaginaria. Tampoco tiene por qué ser un individuo. La historia puede tener un grupo como héroe.

Lo que Campbell demostró es que no importa quién sea el héroe, sino el hecho de que todas las historias cuentan con uno, un personaje, individual o colectivo, en torno al cual se desarrolla la historia.

El segundo aspecto presente en todas las historias es el hecho de que este héroe se enfrenta a una situación poco común, diferente a su rutina habitual. No importa si busca espontáneamente esta situación o si es arrastrado hacia ella. Lo esencial es que en todas las historias sale de su rutina diaria.

El tercer aspecto se refiere al regreso del héroe. Después de experimentar una situación poco común vuelve a su mundo, pero ya no es el mismo; la experiencia le ha cambiado.

Hasta aquí tenemos una estructura básica muy simple. El héroe sigue su rutina cotidiana. Seguidamente sale de su mundo habitual y se encuentra con nuevas experiencias. Al final regresa, transformado, a la vida normal.

Pero Campbell fue mucho más allá de esta estructura de tres etapas. De hecho, identificó doce etapas que componen el núcleo de funcionamiento de las historias. Su modelo fue bautizado como «Viaje del héroe» y publicado en el libro *El héroe de las mil caras*.

Actualmente este modelo lo usan bastantes guionistas de cine y escritores profesionales en la planificación de las historias.

Antes de presentar el modelo en detalle, es importante que tengas en cuenta que este debe utilizarse como una herramienta de orientación y no como un esquema rígido en el que deban ir encajadas las historias.

Tampoco es necesario que estén presentes las doce etapas para que la historia sea buena. Del mismo modo que una persona puede ser ciega o no tener piernas y tener igualmente una vida maravillosa, existen historias que no contienen las doce etapas y son obras maestras.

Siendo conscientes de esto, vamos a analizar las doce etapas del modelo de Campbell.

1. Mundo cotidiano

En esta parte de la historia el héroe es presentado en su rutina diaria, sea cual sea. Por ejemplo, si el héroe es cajero de un banco, estará haciendo aquello que suela hacer diariamente; si es policía, estará desempeñando su trabajo de siempre; y si se trata de un grupo de estudiantes de enseñanza secundaria, se encontrará en su rutina escolar.

2. Llamada a la aventura

Sucede algo fuera de lo normal. Se rompe la rutina del héroe. Debe hacerse algo.

El cajero del banco, por ejemplo, es acusado de haber desviado una enorme cantidad de dinero y es despedido; al policía le asignan la misión de trasladar a un peligroso delincuente a otra provincia; o los estudiantes se quedan asombrados con un libro que difunde métodos de enseñanza no ortodoxos.

3. Rechazo a la llamada

El héroe se resiste a tener que adoptar una actitud. Al fin y al cabo, es mucho más cómodo dejar las cosas como están. Piensa que si deja pasar el tiempo todo se resolverá.

El cajero del banco alega ser inocente y espera que crean en él; el policía intenta que le asignen la misión a un compañero de trabajo; y los estudiantes piensan que si siguen las ideas del libro se buscarán problemas y prefieren dejar todo tal y como está.

4. Encuentro con el mentor

El encuentro con el mentor puede interpretarse literalmente como el encuentro del héroe con alguien con más experiencia que le orienta o como una situación metafórica en la que el héroe supera su temor a actuar.

El cajero del banco encuentra a un antiguo empleado y se entera de que el dinero lo desvió uno de los directores, pero no tiene forma de probarlo; el policía descubre un informe que relaciona al delincuente con la muerte de su hijo y decide aceptar la misión; y los estudiantes hablan entre ellos y deciden que tal vez valga la pena intentar cambiar algunas cosas.

5. Cruce del umbral

En esta etapa, el héroe, forzado o espontáneamente, sale de la rutina y entra en un mundo de situaciones especiales.

El cajero planea entrar por la noche en el despacho del director para conseguir los documentos que prueben su inocencia; el policía acepta viajar con el delincuente bajo su custodia; y los estudiantes deciden seguir las orientaciones del libro.

6. Pruebas, aliados y enemigos

Es en esta etapa en la que transcurre la mayor parte de la historia. En el mundo especial el héroe pasará por pruebas, encontrará aliados y tendrá que enfrentarse a enemigos.

El director del banco sospecha del plan del cajero y contrata a un asesino para eliminarle, pero una amiga del cajero decide ayudarle a conseguir los documentos; cae el avión en el que viajan el policía y el delincuente y los dos se encuentran perdidos en una región desértica, pero unos amigos del delincuente van hasta allí para rescatarle y matar al policía; y los estudiantes empiezan a tener problemas con los profesores por seguir los consejos del libro.

7. Aproximación al objetivo

El héroe se aproxima al objetivo principal de su viaje. El nivel de tensión aumenta. La situación se vuelve incierta.

Por la noche el cajero y su amiga consiguen entrar en el banco; los amigos del delincuente localizan al policía y van en su busca; y los estudiantes presienten que pueden ser expulsados del instituto.

8. Prueba suprema

Es el auge de la crisis, el momento en el que el héroe se enfrenta a su mayor desafío. Cuanto mayor es el riesgo, mayor resulta la emoción para el lector. En muchas historias la prueba suprema consiste en una situación en la que el héroe se enfrenta a su propia muerte.

El cajero consigue los documentos, pero aparece el asesino a sueldo. Tras una lucha en la que casi muere, el héroe consigue escapar.

Los amigos del delincuente alcanzan al policía y le acorralan en una cabaña. Incluso herido de bala continúa luchando y no abre las esposas que le unen al delincuente. En el último momento llega la policía y consigue salvarle.

Ante la amenaza de expulsión, la alumna más tímida del grupo se llena de valor y pronuncia un brillante discurso sobre la libertad poniendo en evidencia al consejo directivo y a los profesores.

9. Conquista de la recompensa

Pasada la prueba suprema el héroe consigue la recompensa. Esta etapa marca el final de la crisis.

El cajero prueba su inocencia y el director del banco ingresa en prisión; rescatan al policía y el delincuente y sus cómplices mueren en el tiroteo; y los alumnos son readmitidos y el instituto se vuelve más tolerante.

10. Camino de regreso

El héroe inicia el camino de regreso al mundo cotidiano. La aventura terminó y la vida tiene que volver a su rutina diaria. Esta etapa es muy corta en la mayor parte de las historias.

Aunque le ofrecen retomar su trabajo, el cajero decide buscar un nuevo empleo; los amigos del policía le felicitan en el hospital; y los estudiantes rebeldes vuelven a clase.

11. Depurificación

En esta etapa el héroe quizás tenga que enfrentarse a una segunda situación incierta en la historia.

Proponen al cajero trabajar en una empresa de seguridad. Finalmente demuestra su valía cuando consigue burlar el sistema de alarmas y entrar en la oficina.

Uno de los amigos del delincuente, que escapó del tiroteo en la cabaña, entra en el hospital e intenta matar al policía, pero no lo logra y es apresado.

Uno de los alumnos aparece con un libro cuyas ideas son todavía más revolucionarias.

12. Regreso transformado

Es el fin de la historia. El héroe se encuentra de vuelta en el mundo cotidiano, pero ya no es el mismo.

El cajero y su amiga descubren que están enamorados; el policía recibe la noticia de que su mujer está embarazada; y los estudiantes deciden hacerse delegados para poder proponer cambios en el instituto negociando y sin enfrentarse al consejo directivo.

Para aclarar un poco más cómo podemos aplicar el modelo de Campbell en el análisis de la estructura de las historias, vamos a considerar dos historias muy diferentes. La primera, *Los puentes de Madison County*, de Robert James Waller, no tiene las doce etapas claramente definidas y requiere una aproximación más sutil para su análisis. La segunda historia, *Harry Potter y la piedra filosofal*, de J. K. Rowling, presenta las doce etapas con gran claridad.

Primer ejemplo: Los puentes de Madison County

La heroína es una mujer que vive en una finca. En el **mundo cotidiano** se presenta cuidando de su familia en un momento en el que su marido y sus hijos están a punto de marcharse unos días fuera para participar en una feria agropecuaria.

El **llamado a la aventura** sucede cuando a la finca llega un fotógrafo pidiendo información sobre la ubicación de un puente. Él es simpático, ella está sola y siente una súbita atracción por él.

El **rechazo al llamado** es de naturaleza interior. Ella es una mujer casada y tiene que velar por su reputación.

El **encuentro con el mentor** se da como una situación metafórica de superación de temores. Ella le ofrece un té helado y él entra y demuestra ser una persona educada y de confianza. A pesar del rechazo inicial, se siente segura, nota que tiene el control de la situación en sus manos.

El **cruce del umbral** ocurre cuando ella acepta la invitación de acompañarle hasta el puente y ayudarle con las fotografías. Aquí entra en el mundo especial. Ya no se encuentra en su rutina diaria de ama de casa. Está acompañando a un fotógrafo que ha viajado por todo el mundo.

Las **pruebas, los aliados y los enemigos** son de naturaleza psicológica. Ella vive un gran conflicto: siente en su corazón el deseo de arriesgarse a emprender una relación con el extraño y al mismo tiempo es consciente del alto precio que tendrá que pagar por cometer una infidelidad.

Cuando regresan de la sesión de fotografía ya está anocheciendo. Ella le invita a cenar y él acepta. Estamos en la fase de **aproximación al objetivo**.

Después de cenar conversan y el clima se vuelve más íntimo. Ella enciende la radio y él la invita a bailar. Bailan, se besan y por último hacen el amor.

Lo que hace que esta historia sea bonita es que el autor introdujo un ingrediente especial: ellos descubren que se aman. Lo que parecía ser apenas una fortuita relación extramatrimonial se revela como un gran amor. No desean seguir juntos durante algún tiempo. Quieren estar juntos para toda la vida.

Entonces la historia alcanza la fase de la **prueba suprema**. El fotógrafo le pide que vaya con él. Va a quedarse en la ciudad esperándola hasta el día siguiente.

Su marido y sus hijos vuelven a casa. Solo cuenta con unas horas para decidir cómo va a ser su vida de aquí en adelante. ¿Quedarse o partir?

El autor fue brillante en la creación de la escena de la prueba suprema, en la que ella tiene que tomar una decisión. Si no has leído el libro, ve la película. Es excelente.

El hecho es que decide quedarse. El fotógrafo se marcha pero no dejará de escribirle. Pasan los años, ella envejece, pero las cartas siguen llegando. Después de la experiencia su **recompensa** fue saber que amaba y era amada. A pesar de que todo ocurrió en secreto, esto la convirtió en una mujer diferente.

En la historia original el autor introdujo además una situación paralela en la que los hijos de la heroína, ya adultos y tras la muerte de su madre, encuentran las cartas y de este modo se enteran de lo que ocurrió. No obstante, esta parte no tiene relevancia para el análisis de la estructura según el modelo de Campbell.

Segundo ejemplo: Harry Potter y la piedra filosofal

El héroe es un niño. Es presentado en su **mundo cotidiano** viviendo en la casa de sus tíos, huérfano y maltratado continuamente por ellos y por su primo.

En la víspera de su undécimo cumpleaños se quiebra la rutina; entramos en la fase del **llamado a la aventura**. Comienzan a llegar cartas misteriosas dirigidas al héroe.

El tío intenta impedir por todos los medios que su sobrino reciba las cartas. Es una forma indirecta de **rechazo al llamado**, dado que el héroe no se resiste a salir de la rutina, sino que es otro personaje quien lo impide.

Tras muchos intentos fallidos de conseguir las cartas, el héroe está a punto de desistir. En este momento llega un hombre enorme que viene a buscarle y le pregunta por qué no ha respondido a sus cartas. Es el **encuentro con el mentor**. Este nuevo personaje afirma que el héroe es un brujo y que tiene que partir para comenzar sus estudios en una famosa escuela de brujería.

A pesar de la oposición de sus tíos, el niño acepta y va a la escuela. Este punto constituye el **cruce del umbral**. El héroe deja su mundo cotidiano y entra en un mundo especial.

La fase de las **pruebas, los aliados y los enemigos** tiene lugar en el ambiente escolar. Como hemos dicho, esta es la etapa en la que se desarrolla la mayor parte de la historia. En la escuela el niño tiene que adquirir nuevas habilidades, hace amigos y descubre que el enemigo que mató a sus padres también pretende acabar con él.

La **aproximación al objetivo** en esta historia es la característica. La autora crea diversas situaciones que conducen a un combate directo entre el héroe y su enemigo.

La **prueba suprema** es el combate propiamente dicho. La resolución de este enfrentamiento es también claramente explícita en esta historia: el héroe casi muere pero consigue evitarlo.

La **conquista de la recompensa** consiste en la victoria del héroe (bien) sobre el enemigo (mal).

El **camino de regreso** consiste en el fin del período lectivo en la escuela y el regreso a casa de sus tíos.

Ya de vuelta en el mundo cotidiano, la **purificación** se manifiesta cuando su primo intenta maltratarle, como solía hacer, y descubre que ya no es posible. El héroe ahora sabe defenderse.

El **regreso transformado** es la nueva condición del héroe después de todo el viaje.

Un hecho interesante con relación a la serie de Harry Potter es que todas las historias siguen con exactitud el modelo de Campbell. Queda saber si la autora, J. K. Rowling, lo hace conscientemente o no.

Como escritor, entrena la identificación de las etapas del viaje en las historias de los libros y las películas. Con la práctica notarás que las estructuras te resultan cada vez más claras. Eso te proporcionará datos para planificar tus propias historias.

Para facilitar tu trabajo en la siguiente página encontrarás un diagrama con todas las etapas del viaje del héroe.

¡Manos a la obra!

Diagrama del viaje del héroe

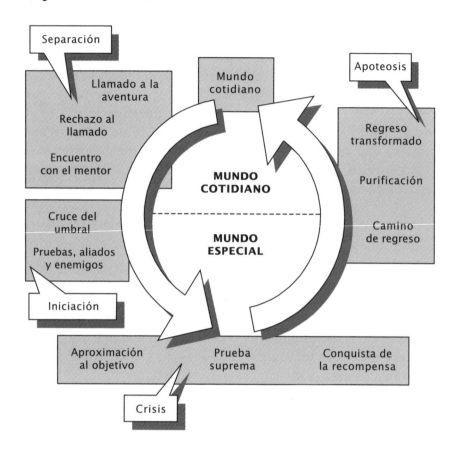

Capítulo 10

Planificación del libro

Un libro no se limita a una buena historia. Existen diversos factores que hay que tener en cuenta para que se convierta en un éxito de ventas.

Imagínate entrando en tu librería favorita. ¿Qué es lo primero que te llama la atención? Seguramente serán los libros colocados en pequeños expositores en posiciones estratégicas de la tienda, normalmente junto a la entrada.

De tantas posibilidades, de repente una cubierta diferente atrae tu mirada. Quizás porque posee una composición inesperada de colores o porque brilla. Te detienes un poco más y descubres que el libro tiene un título seductor, algo que despierta tu curiosidad. Entonces no lo resistes: extiendes el brazo y coges un ejemplar. Sientes la textura de la cubierta. Resulta agradable al tacto. «Muy bien», piensas.

Lees el nombre del autor. Nunca has oído hablar de él. Puede que sea su ópera prima. Seguidamente das la vuelta al libro para leer lo que está escrito en la contracubierta. En ella encuentras un texto que te proporciona algunos datos más y, al mismo tiempo, crece tu curiosidad sobre el contenido del libro.

La solución es leer lo que está en la solapa interior. Al abrir el libro, ya buscas una indicación del precio. Supón que tiene colocada una etiqueta de la librería con el precio. «Ni siquiera es caro», piensas. El precio se asemeja al de los libros del mismo aspecto y a tu presupuesto. Te sientes contento al saber que, si quieres, puedes comprarlo.

En la primera solapa lees una sinopsis muy bien escrita. Tu familiaridad con el libro va en aumento y deseas saber más. Entonces vas a la solapa posterior y en ella encuentras información bastante interesante sobre el autor, que hasta ese momento te resultaba un completo desconocido. Parece ser alguien que escribe bien, un gran escritor. Todavía no lo conocías porque no estabas informado.

Como acto final para disipar cualquier duda, hojeas aleatoriamente el libro para observar el tamaño de la letra y la calidad del papel y de la impresión. La letra es de un tamaño adecuado y la impresión muy buena. El papel es levemente amarillento, ideal para que no se produzca mucho contraste y los ojos no se cansen durante la lectura. «Perfecto», concluyes cerrando el libro y sujetándolo en la mano para soltarlo solo en la caja en el momento de pagar.

Lo que acabamos de describir es el ritual que siguen la mayoría de los lectores al escoger un libro. Con esto podemos darnos cuenta de la importancia de la planificación de la cubierta, dado que es la que hace que un lector que no conoce el libro lo compre.

A pesar de que este factor resulta vital para el éxito del libro, los escritores han comenzado a tener en cuenta la importancia del diseño de la cubierta desde hace poco tiempo. Muchos autores se limitaban a abandonar sus originales en las editoriales y no se preocupaban de la planificación ni de la ejecución de la cubierta. Si la editorial contaba con buenos profesionales para hacer este trabajo, suerte que tenía el libro. De lo contrario...

La cubierta, como cualquier envase, puede marcar la diferencia a la hora de la compra. Es por la cubierta por lo que se orienta el lector en un primer momento. Esta es la que aparece en los medios de comunicación cuando se hace publicidad del libro. Es la que presenta por adelantado el contenido. Considérala como el tráiler de una película.

Notarás que, cuando se trata de un autor ya consagrado, su nombre puede aparecer más destacado que el título. Los diseñadores gráficos utilizan un cuerpo de letra grande, de modo que los lectores lean primero el nombre del autor y únicamente después identificarán la obra.

Así como una cubierta bien ideada no basta para transformar un libro mediocre en un *best seller*, una mala cubierta puede perjudicar mucho el rendimiento de un libro. Se suele decir que una portada bien ideada consigue que las personas que no conocen el libro quieran comprarlo. El contenido, es decir, la historia en sí, consigue que las personas que leen el libro quieran recomendarlo.

Actualmente, con la impresión a pedido, muchos escritores publican directamente sus libros sin pasar por las editoriales. Si eliges esta vía para publicar tu libro es fundamental que tengas en cuenta todos los factores que pueden incrementar el potencial de ventas. Además de una buena historia, no te olvides de la cubierta, el título, los textos de la contracubierta y las solapas, la extensión de los capítulos, la letra de buena legibilidad, el tipo de papel y el precio. De esta forma tu libro estará preparado para disputarse la predilección de los lectores en igualdad de condiciones con los mejores.

Este libro, por ejemplo, ha sido totalmente planificado. Sus medidas son 15 x 23 cm porque permiten el máximo aprovechamiento del papel. Hemos elegido un papel ligeramente amarillento porque disminuye el contraste entre el texto y el fondo y hace que la lectura resulte mucho más cómoda. La fuente de la letra del texto es Lucinda por ser muy nítida. El tamaño de la letra también se tuvo en consideración con el fin de facilitar la lectura (a propósito, nunca he entendido por qué los libros para niños tienen la letra grande, si al fin y al cabo ellos ven muy bien, mientras que la letra de los libros para adultos es casi microscópica, justo cuando nuestra vista empieza a fallar).

Si lo compruebas, verás que el libro tiene 128 páginas. Este número no es fruto de la casualidad. Fue planificado para tener 128 páginas porque el sistema según el cual se produjo utiliza máquinas que, trabajando de forma optimizada, imprimen y montan cuadernos de 32 páginas. Por lo tanto, si observas la parte superior del lomo, verás que tiene cuatro cuadernos de 32 páginas. Eso facilita la impresión y el montaje y reduce costes.

Los detalles de los textos de la cubierta, la contracubierta y las solapas también han sido planificados y realizados teniendo en cuenta su contenido, su apariencia final, el diseño del libro, el público al que va dirigido, etc. Por lo tanto, cuando te dispongas a lanzar tu libro no olvides comprobar los detalles. Puede parecer que no tienen importancia, pero al final la diferencia que marcan es enorme.

Capítulo 11

Escuelas de escritura

Al igual que ocurre con la música, la pintura y la escultura, escribir bien es una habilidad que puede enseñarse y aprenderse. También es posible aprender a escribir de forma profesional y vivir de la publicación de textos y libros.

La historia de que algunas personas nacen con un don para la escritura y eso les basta para tener éxito como escritoras es pura fantasía.

Cuando muchas personas llevan a cabo la misma actividad, es evidente que algunas destacan. Muchas de las características que hacen posible esa notoriedad pueden identificarse; otras no. Pelé, por ejemplo, destacó en fútbol. Se puede elaborar fácilmente una lista de los factores que le llevaron a ser considerado uno de los mejores jugadores de todos los tiempos. Siempre fue disciplinado, asistía a todos los entrenamientos, se dedicaba a ello con empeño, mantenía buenas relaciones con sus compañeros, seguía las orientaciones del técnico, no era violento con sus adversarios, cuidaba su salud y era atento con los periodistas.

Pero muchos otros jugadores de la época poseían asimismo este conjunto de características. Entonces, ¿qué fue lo que hizo que Pelé destacara? Aquí nos topamos con características que no podemos identificar. Por eso las bautizamos como «talento». Por lo tanto, Pelé tenía más talento que otros jugadores.

La cuestión es: ¿crees que le habría bastado con tener talento si no hubiera sido disciplinado, si no hubiera asistido a los entrenamientos, si no se hubiera esforzado, si hubiera sido grosero con sus compañeros y no hubiera obedecido las orientaciones del técnico? Está claro que no.

Para que el talento se desarrolle se requieren condiciones básicas de apoyo. Mozart sobresalió entre los compositores clásicos, pero tuvo que aprender música como todos los demás. ¿Tenía talento? Sin duda, pero si antes no hubiera pasado horas y horas estudiando piano, nunca habría sido un gran compositor. Machado de Assis también pasó años escribiendo para hacer posible que su talento emergiera.

¿Tienes talento para escribir?

Nadie lo sabe. El talento es como una semilla que da una flor singular: si no la pones en la tierra, si no la riegas, la abonas, la proteges de las plagas y tienes paciencia, nunca sabrás cómo es la flor que da.

El talento solo se puede medir a partir del resultado. No se puede conocer de antemano. Dedicación y tiempo son dos ingredientes fundamentales en este proceso.

Vamos a reformular la pregunta: ¿estás dispuesto a averiguar si tienes talento para escribir?

Claro que sí. Si no estuvieras dispuesto no estarías leyendo esto. Es evidente que sólo alguien interesado en escribir estaría leyendo un libro con el título *Cómo escribir un libro... (...y conseguir publicarlo)*.

Una vez aclarado este punto, vamos a hablar un poco sobre las escuelas de escritura.

Ciertamente la escuela convencional no es un buen lugar para aprender a escribir. Si lo fuera, todos crearíamos buenos textos y las personas de mayor talento ya se habrían dado cuenta.

Las clases de Lengua y Literatura han servido básicamente para crear una falsa imagen de que el proceso de escritura es doloroso y complicado. Por alguna razón se admira tanto a los escritores. Creemos que para escribir se necesita ser más que un superhéroe.

Para corregir esta distorsión y enseñar técnicas para producir buenos textos, están surgiendo por todo el mundo escuelas de escritura creativa. Esto se debe a que se está buscando a muchos escritores talentosos, ya que escribir se ha convertido en una industria que mueve mucho dinero cada año. Y todo parte del trabajo del escritor.

Aunque existen modelos bastante diferentes de escuelas de escritura, los cursos suelen dividirse en tres etapas. La primera tiene como objetivo desbloquear el flujo narrativo, lo que se consigue a través de ejercicios que rescatan el placer de escribir. Si lo comparamos con una escuela para formar a jugadores profesionales de fútbol, esta primera fase equivale a jugar con el balón: lo importante no es el texto que se está produciendo, sino el proceso para escribirlo. No se marcan expectativas ni se hacen juicios, se respetan el estilo individual y la privacidad. Cuando el profesor propone un ejercicio, el alumno tiene toda la libertad para no leer lo que ha escrito. A pesar de esto, la experiencia demuestra que los alumnos raramente no lo leen, pues leer el texto en clase es una forma de poner a prueba el efecto que provoca en los compañeros. A través de esas experiencias el alumno empieza a aprender a dominar el proceso de escritura para mantener el interés del lector. Además se siente motivado y aprende con los diferentes estilos de los compañeros.

Una vez afianzado el placer de escribir, la segunda etapa está orientada a guiar el flujo narrativo hacia la producción de textos eficaces. Si retomamos la comparación con la escuela de fútbol, en este punto es en el que los alumnos comienzan a aprender las técnicas para jugar profesionalmente. En esta fase se consolida el estilo individual y cada alumno descubre cómo sacar partido de sus puntos fuertes y cómo reforzar los débiles. También se despierta la conciencia técnica relativa a la escritura y el alumno aprende a analizar y a reconocer los recursos utilizados por los grandes escritores. El dominio de estos recursos hace posible la creación de textos altamente eficaces, ya sea en la producción de un informe o de un texto jurídico o a la hora de escribir una novela. Raros son los alumnos que no se sorprenden con la calidad de sus propios textos.

La tercera etapa es la del desarrollo de trabajos profesionales. Se corresponde con la fase en la que el deportista empieza a jugar en clubes profesionales. De aquí en adelante el tiempo y la dedicación serán los nutrientes de una carrera de éxito.

Así como en el fútbol jugar solo con el balón no tiene gracia, escribir también es algo que proporciona mucho más placer cuando se comparte con otros escritores. Aunque la escritura en sí sea una actividad solitaria, a los escritores les gusta intercambiar ideas con otros escritores. Al igual que los jugadores profesionales quedan con sus amigos para jugar partidos amistosos, los escritores se reúnen para compartir experiencias sobre el oficio de escritor. Este contacto resulta vital y estimulante. Algunas escuelas de escritura ofrecen esta posibilidad mediante la organización de encuentros literarios. Generalmente son actos que se llevan a cabo en restaurantes o cafeterías. Es una forma de divertirse y de mantenerse en forma y motivado para el trabajo.

Mi experiencia personal como directora de la Fábrica de Textos

Cuando asumí la dirección de SAMM Editora sabía que el patrimonio de una editorial se basa en los autores que publica, de forma que mi mayor preocupación fue salir en busca de buenos escritores para que trabajaran conmigo.

Pero una editorial recién nacida y con recursos limitados, ¿cómo podría atraer a escritores consagrados? Pensé en diferentes estrategias y concluí que este no era el mejor camino. Sería mucho más factible encontrar talentos todavía por descubrir. Entonces me remangué las mangas y empecé a pensar en la forma de encontrar escritores que prometieran. En realidad me sentía como un explorador dispuesto a encontrar grandes tesoros. Mientras tanto la pregunta a la que no conseguía dar respuesta era: ¿dónde debería buscar?

En aquella época mi socio, Roberto Lopes, recién llegado de Estados Unidos, me habló de una visita que había hecho a una escuela de escritura creativa en Nueva York. Comentó que esa escuela formaba a más de 6 000 alumnos al año entre los diferentes cursos que ofrecía. «¡SEIS MIL AL AÑO!», pensé. Si estuvieran escribiendo en portugués, con toda seguridad encontraría a muchos escritores buenos para la editorial. ¡Escuelas de escritura brasileñas! Ahí era donde debía buscar nuevos talentos.

Comencé a investigar y descubrí que, a excepción de algunas tímidas experiencias universitarias, en Brasil no existían escuelas de escritura creativa. Tenía dos posibilidades: o buscaba otra fuente de escritores noveles o creaba una escuela de escritura creativa basándome en los modelos de las que había en Estados Unidos y Europa.

Acepté el desafío de crear una escuela de escritura creativa en Brasil. En realidad, decidí crear la mejor escuela de este tipo del mundo. Convoqué a mi socio y le comuniqué que iba a inaugurar un departamento educativo bautizado como «Fábrica de Textos».

En poco más de tres meses investigamos prácticamente todo lo que existía sobre escritura creativa. Nuestra biblioteca quedó desbordada con decenas de libros importados sobre el asunto.

Empleamos un mes más de intenso trabajo elaborando el programa de nuestro curso básico. Este fue planteado para incluir ocho clases, una por semana, con un máximo de doce alumnos por grupo y totalmente basado en ejercicios. Y con una misión ambiciosa: destapar la mistificación del proceso de escritura y de publicación de un libro.

Preparamos los folletos de publicidad y anunciamos el curso. Para abreviar la historia diré únicamente que en un año tuvimos más de 400 alumnos.

En un principio intenté establecer mecanismos para seleccionar a los más prometedores para la editorial, pero fue como intentar canalizar la ola generada por un maremoto. Todos mostraron interés en escribir libros y, usando las técnicas presentadas en el curso, muchos lo hicieron. Empecé a recibir decenas de originales para analizar. Y entonces me di cuenta de que, por mucho que se ampliara el equipo de la editorial, el volumen del material recibido sería siempre muy superior debido al rápido crecimiento de la Fábrica de Textos. La editorial siempre sería el factor limitativo de la ecuación. No era justo dejar a los escritores esperando durante meses para comunicarles si la editorial tenía o no interés en publicar sus trabajos. Como dice el profesor Reinaldo Polito en el prefacio, «... empecé a plantearme que tal vez tendría que esperar otros nueve años para verlo en las librerías». Solo quien ya ha enviado material a una editorial sabe qué larga y angustiante es la espera.

Investigamos durante algunos meses más para encontrar una solución y descubrimos el medio para abrir las compuertas. Incluimos en el curso la información necesaria para que el alumno fuera capaz de publicar su propio libro. A fin de cuentas, hasta las grandes editoriales mandan hacer fuera la mayor parte del trabajo y los costes de publicación son relativamente bajos. Existen incluso editoriales que se están especializando en el sector de la impresión a pedido. Así fue posible, por lo tanto, enseñar a los alumnos desde las técnicas para producir textos cautivadores hasta los caminos que deben recorrer para publicar sus libros.

De esta forma, una vez desvinculadas las actividades de la editorial y de la Fábrica de Textos, comenzamos una nueva etapa que pretende establecer nuevos conceptos en el mercado editorial brasileño. Este libro forma parte de ese trabajo para abrir camino a los escritores noveles. Sé bienvenido.

Capítulo 12

Los bastidores de las editoriales

Por el hecho de estar los libros directamente asociados a la cultura, algunas personas piensan que las editoriales son entidades filantrópicas. Puro engaño. Las editoriales son empresas como todas las demás y, como ellas, para sobrevivir dependen del éxito de la venta de sus productos. Independientemente de la pasión que un libro pueda despertar en una editorial, la evaluación final siempre tendrá en cuenta en primer lugar el aspecto comercial.

Desde el punto de vista de las editoriales, un libro es un producto comercial y debe ser tratado como tal. Salirse de esa pauta supone poner en riesgo la supervivencia de la empresa.

A veces los escritores se quejan de las editoriales debido a que no conocen las condiciones reales con las que éstas trabajan. Para entender el marco general recurriremos a una analogía.

Imagina que diriges una empresa aeronáutica y diariamente aparecen pilotos arrastrando aviones que han hecho en casa. Hasta aquí ningún problema. Si ellos creen que sus aviones domésticos son capaces de volar en condiciones de seguridad, tú no ves nada malo en ello. Pero el intrépido piloto no sólo desea mostrarte el prototipo; trae una propuesta más ambiciosa: quiere asociarse con tu empresa para producir el avión que ha diseñado. La propuesta es la siguiente: él entra con el prototipo, que todavía no ha sido probado para saber si vuela o no, y tú asumes todos los costes de producción y comercialización. Haces algunos cálculos y descubres que, excluyendo todos los costes de producción, publicidad y comercialización, el autor y el editor obtendrán cada uno el diez por ciento del precio de venta de cada avión.

No es un mal negocio. Sin embargo queda saber si el avión vuela o no.

Haciendo una comparación con el mundo de los libros, la situación es la siguiente. Las editoriales reciben todos los meses decenas de propuestas de libros de nuevos autores. De esa montaña de papel es necesario seleccionar aquellos que suponen menor riesgo comercial. Una vez que se escoge el material de un autor para publicarlo, se dispara todo el proceso para su producción, promoción y comercialización. El original es corregido y maquetado. Se contrata a un diseñador gráfico para que haga la cubierta. Se hacen las pruebas de impresión y se producen los fotolitos, que se envían a la imprenta. Los libros son imprimidos y entregados en la editorial.

Tras recibir los libros, la editorial manda a sus comerciales presentarlos en las librerías y distribuidoras. Al mismo tiempo el equipo de promoción trabaja para que al libro se le asigne un lugar destacado en los puntos de venta, organiza sesiones de firma y distribuye folletos, carteles, reseñas de prensa, etc.

Finalmente las librerías compran los libros y los colocan ante los lectores. Este es el momento en el que se descubre si el avión vuela o no. Si el libro es bien acogido, enhorabuena. Todos felices. En el caso contrario, las librerías se quedan con un estorbo en sus estanterías, lo que provoca gran enfado, además de un perjuicio considerable. Pero el enfado que supone es mayor para el editor porque los libreros no devuelven todos los ejemplares que sobran e incrementan ese crédito en futuras compras al editor.

Ahora ponte en el lugar del encargado de una gran librería que recibe diariamente decenas de presentaciones de nuevos libros de las editoriales. Si una de esas editoriales te ha vendido en los últimos tres meses cuatro títulos que no han tenido salida, ¿cómo empezarás a tratar al comercial que la representa? Si respondes que has perdido el interés por sus libros, estarás reflejando con exactitud la actitud del comprador real, que sencillamente incluye a la editorial en la lista negra. Dejas de dar credibilidad a las novedades que ofrece. Cuando el comercial de la editorial llama, el encargado de la librería suele estar ocupado con cosas más importantes. Y, de hecho, lo está. Al fin y al cabo, ¿quién quiere comprar y exponer libros que no se venden?

Si los libros no se venden, la editorial pierde credibilidad en las librerías. Cada vez se vuelve más difícil abrir camino a un título nuevo. Este es el principal motivo de que las editoriales sean tan cautelosas y exigentes al seleccionar un nuevo libro.

Para disminuir el riesgo de accidentes de este tipo, las editoriales adoptan ciertas estrategias. Una de las más comunes es apostar por aeronaves que ya han volado en otros aeropuertos, es decir, traducir libros ya publicados que han tenido éxito en otros países. Por eso encontramos tantos autores extranjeros en los estantes de nuestras librerías.

Pero si por un lado este procedimiento disminuye el riesgo del editor, por otro aumenta los costes. Publicar el libro de un autor extranjero conlleva una serie de desventajas. La primera tiene que ver con el coste y el tiempo necesarios para la traducción. En una buena traducción el libro es prácticamente reescrito por el traductor. Existe incluso la historia del escritor cuyo libro vendía mucho más en un pequeño país de Europa que en su país de origen.

— Estoy asombrado de cómo se han identificado con mi libro las personas de este país — le dijo el escritor al editor local.

— En realidad eso se debe a que el traductor que contratamos escribe mucho mejor que usted — replicó el editor.

El hecho es que una buena traducción supone un coste considerable para la editorial. Además de este existen otros por el pago de los derechos del autor y muchos de los contratos están sujetos a variaciones en los tipos de cambio. Por eso muchas editoriales pasan por situaciones de verdadero terror cuando el dólar o la libra suben.

Otro aspecto importante consiste en entender que un éxito editorial es, a pesar de todos los estudios que se hayan hecho sobre el asunto, algo que sorprende al editor y al autor. Alterar esa imprevisibilidad pasa por trabajar bien el libro en términos de *marketing*, lo que es tan importante para el editor como para el autor.

Por eso es fundamental que el autor sepa de estas cosas si quiere contribuir a marcar la diferencia entre su proyecto y otros proyectos que el editor tenga sobre la mesa. Debes hacer algo para que tu libro sea diferente, como aportar algunas pistas que sugieran la mejor forma de promocionarlo, proponer tus ideas al respecto y dejar clara tu disponibilidad y tus ganas para colaborar con la maquinaria de difusión y ventas del editor.

Si sabes y quieres elaborar un plan de *marketing* para el libro y se lo envías al editor, mucho mejor.

No olvides que un escritor profesional emplea actualmente gran parte de su tiempo en promocionar sus libros estando presente en ferias y escuelas, intentando conseguir entrevistas, escribiendo en los periódicos, etc. En resumen, «vendiéndose» a sí mismo y su producto, pues muchas veces para el gran público lo uno va unido a lo otro.

La conclusión es que las editoriales son empresas y los libros son productos. El lanzamiento de un nuevo libro exige el mismo trabajo y genera los mismos riesgos que cualquier otro producto. Es como el paracaidismo: puedes establecer previamente diferentes procedimientos de seguridad, pero solo sabrás si todo ha funcionado bien cuando estés de vuelta en el suelo, después del salto.

Como escritor, ser consciente de todo este proceso te acercará más a la editorial y viceversa. A fin de cuentas ambos sois compañeros en la tarea de convertir el libro en un éxito. Es fundamental comprender los puntos fuertes, los débiles, las presiones y los riesgos de las diferentes fases del trabajo y actuar en sintonía con el editor, ya que ambos sois miembros del mismo equipo y el éxito de uno será el del otro.

Capítulo 13

Los escritores profesionales

Quien haya visto la película *Carros de fuego* habrá descubierto que a comienzos del siglo XX la mayoría de los atletas olímpicos eran jóvenes universitarios que destacaban en una determinada modalidad deportiva. En aquella época no existía gran profesionalización y el deporte se consideraba una actividad recreativa. Desde entonces las cosas han cambiado. Los atletas empezaron a ser patrocinados, los entrenamientos se volvieron mucho más intensos y la dedicación pasó a ser exclusiva. Hoy en día el deporte es una industria, y como tal mueve mucho dinero.

Un fenómeno de profesionalización semejante se está dando en este preciso momento en el mundo de los libros.

Hasta hace muy poco tiempo la imagen del escritor era la de un bohemio que se pasaba las noches en los bares y que, de vez en cuando, escribía un libro. O si no, eran personas que tenían algún empleo convencional y que en sus horas muertas se dedicaban a poner palabras sobre papel. Machado de Assis, por ejemplo, era funcionario de la Imprenta Nacional de Brasil y Carlos Drummond de Andrade, jefe de gabinete del ministerio de Educación brasileño.

Soñadores y desligados de las cosas materiales, estas eran características que solían atribuirse a los escritores. También existía el mito de la imposibilidad de ganar dinero escribiendo. Se contaba incluso una anécdota sobre ello:

Se encuentran dos amigos.
— ¡Hola! He oído que ahora eres escritor.
— Pues sí, es verdad. He escrito un libro.
— ¿Y se va vendiendo?
— Sí, ya he vendido mi coche, mi teléfono...

Lo que ocurre es que el mercado de los libros se está profesionalizando muy rápidamente. Basta observar la expansión de las redes de librerías, la informatización de los procesos de impresión y el crecimiento de las empresas que trabajan en la distribución. En realidad, la producción y la comercialización de libros llevan creciendo desde que Gutenberg inventó la imprenta de tipos móviles. Y, al igual que el deporte, hoy en día los libros mueven empresas y dinero.

Si todavía crees que ser escritor es llevar una vida bohemia, olvídalo. Al igual que los atletas, los escritores se están profesionalizando. Escribir se ha convertido en una actividad altamente rentable y ya no hay espacio para los aficionados.

Bajo el punto de vista empresarial los libros son un producto como cualquier otro y se espera obtener beneficios con su comercialización. Los escritores profesionales forman parte de equipos de producción que incluyen editores, correctores, maquetadores, diseñadores gráficos, impresores, distribuidores, promotores, comerciales, etc. Para el escritor resulta muy útil comprender todas las etapas por las que pasan los libros, pues cuanto más integrado esté en el espíritu de equipo, mayores serán las posibilidades de que el libro tenga éxito.

En una cadena de montaje todos tienen que desempeñar su tarea en el momento adecuado. El escritor profesional respeta los plazos. Sabe que hay todo un equipo implicado en la producción y comercialización de los libros y, por lo tanto, es esencial que se establezcan y se cumplan los plazos. Ya dijo el escritor Luís Fernando Veríssimo que su mayor musa inspiradora es el plazo de entrega. No retrasar la entrega del trabajo constituye una característica fundamental en los escritores profesionales.

Finalmente, el sueño de todas las editoriales es el escritor que es consciente de todo el proceso implicado en la producción de un libro y que sabe que forma parte de un gran equipo; que además afronta con profesionalidad el trabajo de escribir y, por lo tanto, respeta religiosamente los plazos; y que, por último, pero no menos importante, escribe bien, de modo que cautiva a legiones de lectores.

Puede que estas características parezcan obvias y aparentemente simples, pero constituyen un obstáculo gigantesco para los escritores noveles.

La pregunta que surge es: ¿basta con tener estas características para ser aceptado por una editorial?

La respuesta es un sonoro «no». Estas condiciones son necesarias pero no suficientes.

En una economía de escala las editoriales trabajan con márgenes de beneficio cada vez más estrechos y, de esta forma, necesitan garantizar volúmenes de venta mayores. Esto obliga a las empresas a intentar jugar con las cartas marcadas, es decir, con escritores ya consagrados.

Por otro lado, las editoriales reciben cada mes decenas de libros de autores noveles. Resulta prácticamente imposible disponer de un equipo que haga una criba sensata. Mucho material de óptima calidad termina por ser descartado por falta de tiempo y de personal para analizarlo adecuadamente.

Sin embargo, si por un lado las grandes editoriales se cierran cada vez más a los principiantes, por otro surge una nueva posibilidad para que los escritores noveles lleguen a las librerías. La impresión a pedido es el camino que se puede seguir.

Mediante este proceso es posible hacer ediciones de menos de 500 ejemplares por un precio bastante asequible. De esta forma el propio autor puede pagar la publicación de su libro. El problema de esta modalidad es que, tras la impresión, el autor no puede extender facturas para vender los libros.

Para abrir paso en este callejón sin salida están surgiendo editoriales especializadas en este sector. El autor encarga la publicación del libro, paga y, cuando el libro se vende, la editorial facilita las facturas y se encarga de la parte burocrática.

Es importante aclarar que hasta hace muy poco tiempo se consideraba humillante que un escritor pagase por publicar su propio libro. Se suponía que si un escritor era bueno las editoriales deberían pelearse por él y no tendría por qué pagar su propia publicación. En Estados Unidos existe incluso una expresión despectiva, *vanity book*, o libro de vanidad, para denominar al libro cuya publicación la ha pagado el propio autor, insinuando por lo tanto que se trata de un libro rechazado por las editoriales.

Este tipo de prejuicio no tiene razón de ser. Quien conoce el mundo de los libros sabe que todas las editoriales trabajan bajo presión y rarísimas veces tienen la oportunidad de apostar por un escritor primerizo. Aquel que utiliza la expresión *vanity book* para atribuir el pecado de la vanidad a quien publica su propio libro, además de demostrar que no conoce cómo funcionan las editoriales, padece del corrosivo pecado de la envidia. Seguramente sea un *envy friend*, es decir, un amigo envidioso.

Si crees en tu trabajo, no dudes en invertir en su publicación. En primer lugar, con las nuevas técnicas de impresión los costes se reducen año tras año y probablemente tengas que desembolsar menos de lo que imaginas. En segundo lugar, cuanto antes esté tu libro en las librerías, antes comenzarás tu carrera como escritor. Y además, no hay nada comparable a la posibilidad de poner a prueba el rendimiento de las ventas de tu libro compitiendo con los demás de la librería.

Respecto al resto no te preocupes, en cuanto tu libro empiece a tener éxito, las grandes editoriales vendrán a buscarte rápidamente.

Capítulo 14

El futuro
del mercado editorial

Hay un dicho sarcástico que dice: «Es muy difícil hacer previsiones, principalmente sobre el futuro».

A pesar de ello, en cualquier actividad es fundamental hacer previsiones. Si no estamos preparados pueden dejarnos fuera de juego en un instante. Imagínate la frustración del empresario que montó una fábrica de producción de discos de vinilo cuando fue abatido por la nueva tecnología de los CD. O la de un fabricante de máquinas de escribir cuando llegaron los microordenadores equipados con procesadores de texto.

La última gran revolución en el mundo de los libros tuvo lugar en el siglo XV, cuando Gutenberg creó la imprenta de tipos móviles. Gracias a su invento los libros que se copiaban manualmente pasaron a ser reproducidos de forma industrial. Desde entonces los equipos de impresión han evolucionado mucho, pero el concepto sigue siendo el mismo. Los libros siguen imprimiéndose en las imprentas, aunque es cierto que con otra tecnología, y continúan siendo transportados hasta los puntos de venta.

Con el advenimiento de la informática ya está en marcha una nueva revolución. Ya se han llevado a cabo algunos ensayos de la introducción del libro en un formato desligado del papel. Bautizados como *e-books* o libros electrónicos, estos ya están disponibles en internet. A mediados de la década de los noventa algunas empresas produjeron pequeñas pantallas de cristal líquido del tamaño de un cuaderno en las que se podían leer los libros electrónicos, intentando con ello que fueran transportables hasta niveles que los equipos de sobremesa no permitían. Solo tenías que ir a una librería virtual, descargar el libro de tu preferencia e introducirlo en el equipo. Un avance realmente significativo.

A pesar de las grandes ventajas, dos factores impidieron la difusión de esta nueva tecnología. Lo primero fue el propio concepto de libro. Si piensas en libros, piensas en papel. Resulta prácticamente imposible separar los dos conceptos. Si el libro no es de papel, no es un libro. El acto mismo de leer un libro implica interaccionar con hojas de papel. De hecho, las personas no se sintieron atraídas ante la idea de leer en una pantalla de cristal líquido. Tal vez en breve las generaciones más jóvenes que han nacido después de la difusión del ordenador tengan una relación diferente con el papel y para ellas el libro electrónico, que incluso puede imprimirse, tenga un atractivo que aún no tiene.

Actualmente ya se pueden encontrar miles de librerías y bibliotecas digitales en Internet. Muchos títulos se ofrecen gratuitamente mientras que otros se comercializan. Otro factor importante es que todavía no se ha establecido un patrón unificado en cuanto al soporte lógico editorial para los libros electrónicos. Diversas empresas rivalizan por imponer su sistema y todavía es pronto para saber cuál prevalecerá.

Continuando nuestro ejercicio de previsión y volviendo a los libros de papel, existe otro aspecto que debe considerarse y que tiene que ver con la tecnología de la impresión digital: a diferencia del proceso convencional de impresión, que utiliza fotolitos y planchas recubiertas de material sensible a la luz, la impresión digital hace posible la transmisión directa de los datos del ordenador a una impresora. Es el sistema que utilizan las impresoras conectadas a los microordenadores.

La combinación de los libros electrónicos y las impresoras modernas apunta a un nuevo camino para la producción y comercialización de libros: la impresión por encargo en el punto de venta.

Para entender el alcance de esta nueva posibilidad, veamos algunos datos sobre el mercado de libros de Estados Unidos. Según Jason Epstein, uno de los más respetados editores del mundo, el mercado norteamericano de libros mueve cerca de 25 billones de dólares al año (datos de 2001). Además de las reediciones, anualmente salen a la venta cerca de 50 000 títulos nuevos, con una tirada media de 10 000 ejemplares por título. Epstein estima que del volumen de libros entregados en depósito a los puntos de venta directa al público, el 40% no se vende, por lo que vuelve al almacén de las editoriales, siendo posteriormente descatalogado. Un desperdicio enorme. Las cifras se incrementan todavía más si añadimos los costes de transporte y almacenamiento.

La solución a esto puede radicar en un nuevo equipo ligero que combine la impresión, la encuadernación y el acabado. Los equipos de este tipo se instalarían en los puntos de venta y se conectarían a ordenadores que contuvieran los libros en formato electrónico. El comprador podría escoger el libro consultando un terminal electrónico y, mientras toma un café, su libro se imprimiría en la misma tienda. Sin desperdicio, ni costes de transporte o de almacenamiento. Miles de títulos disponibles. Y, lo mejor: impresos en papel respetando todas las características de los libros elaborados por los procedimientos convencionales.

Esas máquinas de hacer libros, que permiten la impresión por encargo en el punto de venta, ya existen. Tienen, a pesar de todo, algunas limitaciones, ya que la hoja de papel en la que imprimen es pequeña y, una vez plegada, sólo permite formar cuadernos de 48 hojas, dependiendo del formato, mientras que en la impresión tradicional *offset* se imprimen generalmente 16 ó 32 páginas por cuaderno. Por eso no resulta muy cómodo hacer impresión digital de libros con muchas páginas. Otro factor restrictivo es el precio. El coste que supone producir un libro usando esta tecnología todavía es el triple en comparación con el procedimiento convencional, pero está disminuyendo año tras año. Por otro lado, el ahorro en gastos de transporte y almacenamiento hace que la impresión por encargo se vuelva cada vez más atractiva. Todo ello llevó a Jason Epstein a aventurar una previsión, publicada en la revista *Wired*: según él, hasta 2010 más del 50% de los libros que se vendan se imprimirán por encargo en los puntos de venta.

Sin embargo, algunos aspectos relativos al control de las ventas para el pago de los derechos del autor están todavía por definir. La reproducción de los libros a través de sistemas electrónicos en diferentes puntos de venta requiere mecanismos que eviten el mal uso de la tecnología. Al fin y al cabo la piratería es la gran preocupación de todas las empresas que comercializan productos susceptibles de ser copiados. La impresión por encargo en el punto de venta revoluciona la distribución de los libros, pero al mismo tiempo hace que el libro sea mucho más vulnerable a las copias ilegales.

Muy probablemente la solución consista en la incorporación de los conceptos de seguridad de los sistemas informatizados de los bancos, sin duda los grandes especialistas en transferir información digital con baja vulnerabilidad.

Queda esperar para ver.

Conclusión

La principal conclusión que me gustaría que extrajeras de este libro es que la actividad del escritor se está profesionalizando con gran rapidez. Si, por un lado, eso reduce el margen de los escritores aficionados, por otro ofrece grandes oportunidades a quien quiere escribir en serio.

Otro aspecto importante estriba en que para un escritor principiante resulta muy difícil conseguir publicar un libro a través de una editorial convencional. A estas solo les interesan los escritores cuyos libros sean éxitos comerciales garantizados.

La situación de los escritores noveles se asemeja a la de los músicos noveles: primero tienen que demostrar que son capaces de hacer música que atraiga a los oyentes; solo entonces las casas discográficas mostrarán interés en asumir el lanzamiento de su disco.

Con el libro sucede lo mismo. Primero tienes que demostrar que eres capaz de producir un libro comercialmente viable. Únicamente después de esto las editoriales se interesarán por publicar tus trabajos.

Pero de la misma forma que grabar discos ha dejado de ser monopolio de las casas discográficas, pues al final cualquier banda consigue producir sus propios CD, la publicación de libros también ha dejado de ser una actividad reservada exclusivamente a las editoriales.

Actualmente escribir y publicar un libro es casi tan fácil como grabar un CD. Por lo tanto el camino que los escritores principiantes deben seguir es el de ser ellos mismos quienes produzcan sus propios libros hasta despertar el interés de una gran editorial.

Así fue como yo hice mi primer libro, así fue como empezaron muchos escritores famosos y así es como puedes empezar tú. Los dos ingredientes esenciales son disposición y persistencia.

Leyendo este libro hasta aquí ya has demostrado que pretendes aceptar el desafío. Por lo tanto, sé bienvenido y, si necesitas ayuda, cuenta conmigo.

Bibliografía

Borges, Jorge Luis, *Obras Completas*, São Paulo, Editora Globo, vol. IV, 1999.
[*Siete noches*, Madrid, Alianza, 1999.]
Bradley, Marion Zimmer, *As Brumas de Avalon*, Rio de Janeiro, Imago, 1989.
[*Las nieblas de Avalón*, Barcelona: Salamandra, 2000.]
Bulfinch, Thomas, *O Livro de Ouro da Mitologia*, Rio de Janeiro, Ediouro, 2000.
[*La edad dorada del mito y la leyenda*, Madrid, M. E. Editores, 1995.]
Campbell, Joseph, *O Herói de Mil Faces*, São Paulo, Cultrix, 2000.
[*El héroe de las mil caras: psicoanálisis del mito*, Madrid, Fondo de Cultura Económica de España, 2005.]
Carroll, Lewis, *Alice no País das Maravilhas*, São Paulo, Edições Loyola, 1995.
[*Alicia en el país de las maravillas*, Madrid, Siruela, 2004.]
Chandler, Raymond, *O Sono Eterno*, Porto Alegre, L&PM, 2001.
[*El sueño eterno*, Madrid, Alianza, 2001.]
Coelho, Paulo, *O Alquimista*, Rio de Janeiro, Rocco, 1990.
[*El alquimista*, Barcelona, Planeta, 2001.]
Doyle, Arthur Conan, *Um Estudo em Vermelho*, Porto Alegre, L&PM, 1997.
[*Estudio en escarlata*, Madrid, Alianza, 2004.]
Doyle, Arthur Conan, *O Cão dos Baskerville*, Porto Alegre, L&PM, 1998.
[*El sabueso de los Baskerville*, Madrid, Grupo SM, 2001.]
Eco, Umberto, *O Nome da Rosa*, São Paulo, Publifolha, 2003.
[*El nombre de la rosa*, Barcelona, Lumen, 2005.]
Galland, Antoine, *As Mil e Uma Noites*, Rio de Janeiro, Ediouro, vol. II, 2000.
[*Las mil y una noches según Galland*, Madrid, Siruela, 1988.]
Hammett, Dashiell, *O Falcão Maltês*, São Paulo, Companhia das Letras, 2001.
[*El halcón maltés*, Madrid, Alianza, 1997.]
Lehane, Dennis, *Um Drink Antes da Guerra*, São Paulo, Companhia das Letras, 2001.
[*A Drink Before the War*, New York, HarperTorch, 2003.]
Lobato, Monteiro, *Reinações de Narizinho*, São Paulo, Brasiliense, 1993.
Lopes, Roberto, *O Livro da Bruxa*, São Paulo, Arx, 2003.

Malory, Thomas, *Os Cavaleiros da Távola Redonda*, Rio de Janeiro, Ediouro, 2002.

[*La muerte de Arturo*, Madrid, Siruela, 1985.]

Poe, Edgar Allan, *Assassinatos na Rua Morgue*, Porto Alegre, L&PM, 2002.

[*Los crímenes de la calle Morgue; El escarabajo de oro*, Madrid, Acento, 1997.]

Rowling, J. K., *Harry Potter e a Pedra Filosofal*, Rio de Janeiro, Rocco, 2002.

[*Harry Potter y la piedra filosofal*, Barcelona, Salamandra, 2001.]

Shelley, Mary, *Frankenstein*, Porto Alegre, L&PM, 1997.

[*Frankenstein*, Madrid, Grupo SM, 2000.]

Soares, Jô, *O Xangô de Baker Street*, São Paulo, Companhia das Letras, 1995.

[*El «xangô» de Baker Street*, Madrid, Siruela, 1996.]

Tahan, Malba, *O Homem que Calculava*, Rio de Janeiro, Record, 1983.

[*El hombre que calculaba*, Barcelona, Verón, 1996.]

Veríssimo, Luís Fernando, *Borges e os Orangotangos Eternos*, São Paulo, Companhia das Letras, 2000.

Veríssimo, Luís Fernando, *Ed Mort-Todas as Histórias*, Porto Alegre, L&PM, 1999.

Veríssimo, Luís Fernando, *O Jardim do Diabo*, Porto Alegre, L&PM, 1988.

Vogler, Christopher, *A Jornada do Escritor*, Rio de Janeiro, Ampersand, 1997.

[*El viaje del escritor*, Barcelona, Ma Non Troppo, 2003.]

Voltaire, *Contos*, São Paulo, Nova Cultural, 2003.

[*Zadig o el destino; Cándido o el optimismo*, Barcelona, Bosch, 1982]

Waller, Robert James, *As Pontes de Madison*, Rio de Janeiro, Relume Dumará, 1993.

[*Los puentes de Madison County*, Barcelona, Mondadori, 2001]

Datof de contacto de la avtora:

SAMM Editora
Av. Senador Vergueiro, 269
09750-000 - São Bernardo do Campo – São Paulo
Teléfono: +55 11 4123-3067
Fax: +55 11 4125-7067
sammed@uol.com.br
www.fabricadetextos.com.br